TRICK 17
MÄNNERSACHEN

THADE PRECHT

INHALT

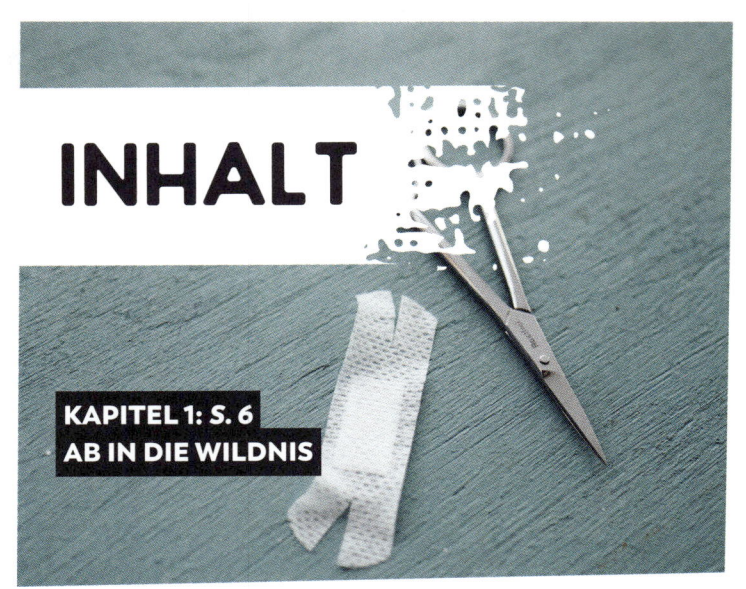

KAPITEL 1: S. 6
AB IN DIE WILDNIS

KAPITEL 2: S. 36
BORN TO GRILL

KAPITEL 3: S. 66
DAS RUNDE MUSS INS ECKIGE

KAPITEL 4: S. 92
SELBST IST DER MANN

KAPITEL 5: S. 116
GRUNDWISSEN & FACHWISSEN

KAPITEL 6: S. 144
KABEL BEKENNEN

KAPITEL 7: S. 170
SCHAFFENSKRAFT

KAPITEL 8: S. 198
ADAM & EVA

KAPITEL 9: S. 218
FUN TIME

KAPITEL 10: S. 244
IRONMAN

KAPITEL 11: S. 292
ZWEITWOHNSITZ BÜRO

KAPITEL 12: S. 270
ONE-MAN-SHOW

BUCKET LISTS: S. 212
REGISTER: S. 315
BUCHEMPFEHLUNGEN FÜR DICH: S. 317
IMPRESSUM: S. 320

VORWORT

Lifehacks – das schnelle und gekonnte Zweckentfremden von Alltagsgegenständen begeistert überall auf der Welt eine wachsende Zahl an Menschen. Aber ein Lifehack-Buch speziell für Männer – geht das überhaupt? Macht das Sinn? Sofort drängen sich einem die üblichen Stereotypen auf: Männer und Fußball. Männer und Technik. Mangelnde Haushaltsführung. All das mag auf viele von uns zutreffen, auf den weitaus größeren Teil dagegen nicht. Dieses Buch versucht, ein vielschichtiges Bild der Spezies Mann zu zeichnen. Die insgesamt 222 Tipps und Tricks sind allesamt ernst gemeint, entbehren aber auch nicht eines gewissen Augenzwinkerns.

Anders ließe sich mit bestimmten Gepflogenheiten unserer männlichen Kollegen wohl manchmal auch nur schwer umgehen. Denn obgleich Männer und Lifehacks eine in weiten Teilen ergiebige Allianz bilden, schießen sie hin und wieder gekonnt übers Ziel hinaus. So erschien im Berliner Tagesspiegel vom 08.05.2018 ein höchst amüsanter Randartikel mit der Überschrift „Männer grillen zwölf Schafe im Volkspark": Alarmierte Polizisten trafen eine illustre Runde an, deren XXL-Grillgut sich an Elektrospießen drehte. Die Spieße wurden mit Autobatterien betrieben und die glühenden Kohlen waren kurzerhand auf dem trockenen Grasboden geschichtet.

Werte Herren der Schöpfung, bevor ihr jetzt fleißig eure Autobatterien fürs nächste Grillfest zusammentragt, vertieft euch lieber in die Lektüre dieses Buches – ran an die Lifehacks!

Viel Spaß & gutes Gelingen

AB IN DIE WILDNIS

Echte Kerle – so munkelt man – schenken kleineren Schnittwunden keinerlei Aufmerksamkeit. Smarte Kerle dagegen traktieren das nächstbeste Spinnennetz und reiben die Wunde damit ein. Spinnenseide als Wundhelfer klingt komisch, ist aber so. Wussten anscheinend schon die alten Griechen und Römer. Na dann…

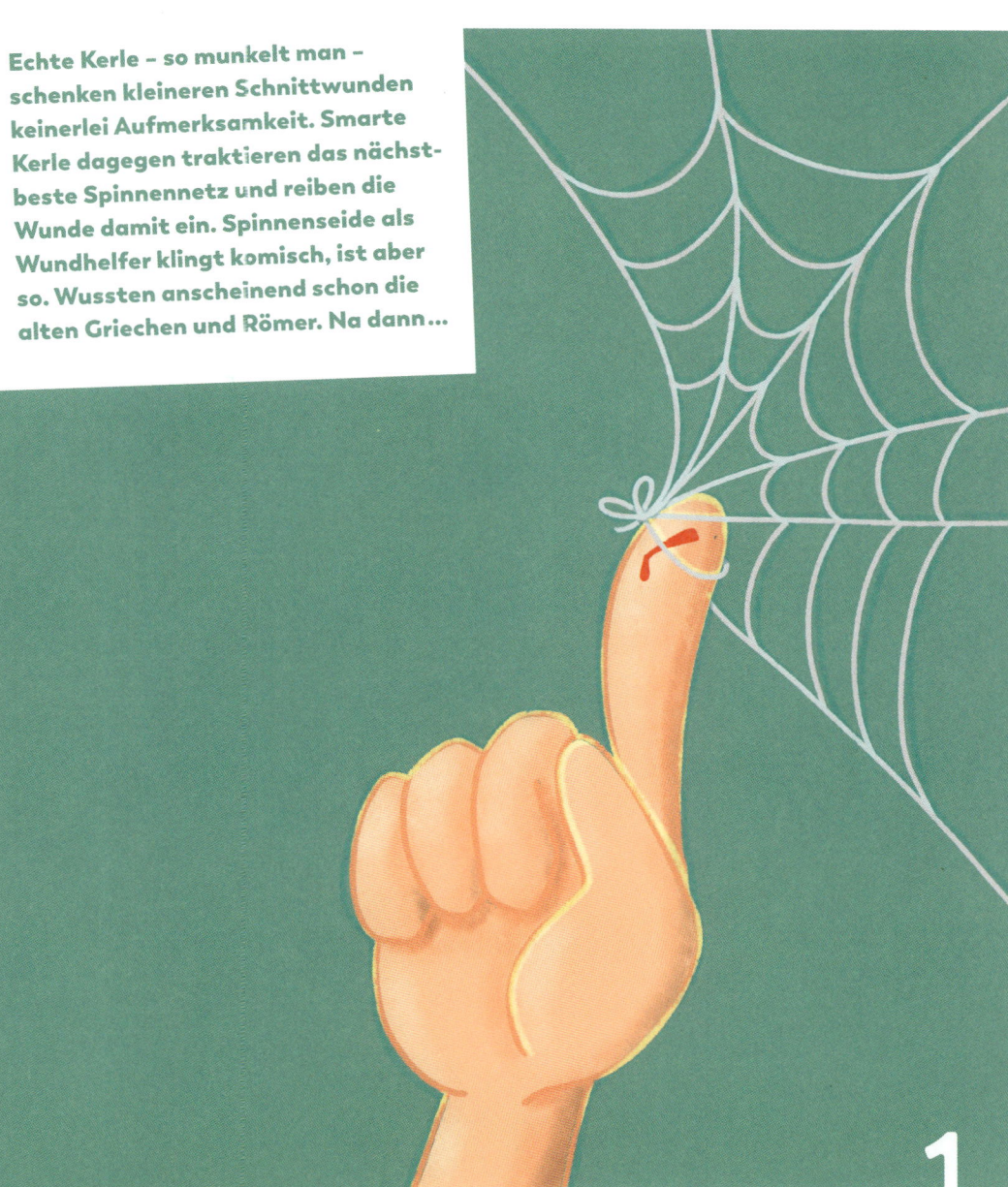

1 SPIDER-MAN

Schuhe an und los, denn draußen wartet das große Abenteuer auf dich! Egal ob 100 Quadratmeter Gartenfläche oder 1000 Quadratkilometer freie Wildbahn – Hauptsache raus, Hauptsache Natur… Dieses Kapitel umfasst fachmännische Pfadfindertricks und Campinghacks für Wanderer, Zeltfreunde, Survivalists, Entdecker, Naturburschen und all diejenigen, die zumindest hin und wieder mal davon träumen, zu einer dieser Gruppen zu gehören :-).

UHR ALS KOMPASS

Gehörst du zu der Gruppe von Menschen, die nach wie vor gerne eine analoge Armbanduhr am Handgelenk tragen? Sehr gut, fortan macht sich deine Treue doppelt bezahlt: Halte die Uhr horizontal (also parallel zum Boden) und drehe dich bzw. die Uhr so, dass der Stundenzeiger exakt zur Sonne ausgerichtet ist. Auf halber Strecke zwischen dem Stundenzeiger und der 12 des Ziffernblatts liegt Süden!

Falls dich deine Wanderung wider Erwarten bis zur Südhalbkugel führen sollte, läuft das Spielchen etwas anders. Dort richtest du die 12 auf die Sonne und auf halber Strecke zum Stundenzeiger liegt Norden.

Damit deine Kühltasche noch länger eisig frisch bleibt, kannst du anstelle von Kühlakkus oder Eiswürfeln einfach ein bis zwei Wasserflaschen vorab einfrieren und hineinlegen. Das Wasser kannst du dann später noch genüsslich trinken und musst kein unnötiges Gewicht durch die Gegend schleppen.

Achtung: Die Wasserflaschen nicht zu voll machen, damit sie beim Einfrieren nicht platzen.

3
KÜHLBOX-BOOSTER

4
GRÜNZEUG FUTTERN

Hier findest du eine Auswahl von 15 weit verbreiteten essbaren Pflanzen, von denen man es nicht unbedingt erwartet:

Acker-Hellerkraut: Komplett essbar (als Salat oder gekocht), bitter im Geschmack

Gemeine Wegwarte: Komplett essbar (junge Blätter als Salat, Blätter vor der Blüte gekocht wie Spinat, Stängel gegart, Wurzel gekocht), leicht bitter im Geschmack

Gewöhnlicher Löwenzahn: Gelbe Blüten essbar (als Salatbeigabe, Sirup, Gelee oder Brotaufstrich), leicht bitter im Geschmack. Wurzeln essbar (als Salatbeigabe oder gekocht), leicht bitter im Geschmack

Gewöhnliche Vogelmiere: Komplett essbar (in moderaten Mengen als Salat, Kräuterbutter und Brotaufstrich, gekocht wie Spinat), leicht süßlich im Geschmack

Große Klette: Junge Blätter und Wurzeln essbar (als Salatbeigabe und gekocht als Gemüse)

Klee (Weiß und Rot): Blätter essbar (in moderaten Mengen als Salat- oder Gemüsebeigabe), leicht süßlich im Geschmack

Kleiner Sauerampfer: Frische Blätter in kleinen Mengen essbar, säuerlich im Geschmack

Meersalat: Komplett essbar (als Salat, z.T. auch in Teigwaren), leicht säuerlich im Geschmack

Portulak: Junge Blätter essbar (als Salatbeigabe oder blanchiert bzw. gedünstet), leicht säuerlich im Geschmack. Blütenknospen essbar (ähnlich wie Kapern)

Rohrkolben: Triebe und Wurzeln essbar (gekocht als Gemüse), leicht nussig im Geschmack

Schmalblättriges Weidenröschen: Komplett essbar (als Salat oder gekocht), säuerlich im Geschmack

Spitzwegerich: Blätter essbar (als Salatbeigabe), leicht bitter im Geschmack

5
SPUREN HEIMISCHER & EXOTISCHER TIERE

Nanu, welches Tier ist denn hier entlangmarschiert? Hier kommt eine Übersicht der Spuren heimischer Tiere.

Besonders im Winter hast du gute Chancen, verschiedene Tierspuren im frischen Schnee zu entdecken!

6
DER PFIFF DER NATUR

Lauter als die Polizei erlaubt!
Variante A: Such dir ein heiles, unverformtes Eichelhütchen und klemme es so zwischen Daumen und Zeigefinger, dass sich deine Daumenknöchel berühren und ein kleines Dreieck des Eichelhütchens offen sichtbar bleibt. Führe die Hände zum Mund – die Oberlippe auf die Oberseite der Daumenknöchel, die Unterlippe darunter – und puste über die Oberlippe kräftig in das kleine Dreieck. Achte darauf, dass keine Luft über deine Unterlippe entweicht. Etwas hin und her probieren und alsbald sollte ein lautes, schrilles Pfeifen ertönen.

Variante B: Such dir einen frischen Grashalm, der mindestens so lang ist wie dein Daumen. Klemme ihn straff zwischen die oberen und unteren Knöchel deiner Daumen. Jetzt die Hände vor den Mund halten und kräftig durch die Knöchel hindurchpusten.

Die Linde ist ein hierzulande weit verbreiteter Baum, der bis zu 40 Meter hoch und bis zu 1000 Jahre alt wird und für vieles Nutzen spenden kann: Das helle und schöne Holz ist vergleichsweise weich und eignet sich daher gut zum Feuerbohren (Feuermachen durch Reibung), zum Schnitzen, zum Drechseln, für die Bildhauerei sowie zur Herstellung von Zeichenkohle. Die Blätter sind roh wie gekocht essbar und besonders im Frühling sehr schmackhaft. Ebenfalls essbar und sehr süßlich ist die innere Schicht der Rinde, die sich schnell und einfach mit dem Messer abschaben lässt. Aus den inneren Holzfasern lassen sich exzellente Seile herstellen. Aus dem Blütennektar wird Lindenblütenhonig gewonnen, und aus den getrockneten Blüten kann man ein beruhigendes Lindenblütenbad machen oder wohlschmeckenden Tee zubereiten, der bei Erkältungen hilft.

Tipps für den Genuss von Sommerlindenblättern: Gekocht wie Spinat, roh in Salaten, Smoothies und als Brotaufstrich oder als I-Tüpfelchen auf dem Nachtisch.

7
EIN LOBLIED AUF DIE LINDE

AB IN DIE WILDNIS

Wie hoch mag wohl dieser Baum sein? Oder dieser Felsen? Eine gute Möglichkeit, um die Höhe von relativ nahegelegenen Objekten abzuschätzen, ist die sogenannte Stockpeilung. Hierbei hältst du einen Stock mit ausgestrecktem Arm gerade nach oben und ca. 70 cm von deinem Gesicht entfernt. Die Länge von der Stockspitze bis zu deiner Hand muss dabei der Länge deines Armes entsprechen. Jetzt bewegst du dich so weit auf das zu messende Objekt zu bzw. von ihm weg, bis es genauso lang erscheint wie der obere Stockabschnitt. Von deinem jetzigen Standpunkt aus schreitest du die Entfernung bis zum Objekt ab – und diese Entfernung zzgl. deiner eigenen Größe entspricht der Größe des Objekts. Alles klar soweit?

Einziges Manko: Unebener Boden verfälscht die Entfernung des Abschreitens vom Standpunkt zum Objekt.

8
HÖHEN AB-SCHÄTZEN

9 ENTFERNUNGEN ABSCHÄTZEN

Eine nette Möglichkeit, um Entfernungen zu einem Objekt abzuschätzen, bietet der sogenannte Daumensprung. Dabei streckst du einen Arm inklusive Schulter in Richtung des Objekts aus. Ein Auge schließen und mit dem anderen Auge über den Daumen hinweg das Objekt anpeilen. Die Hand schön still halten. Jetzt das geschlossene Auge öffnen und das offene Auge schließen. Der Daumen erscheint nun leicht zur Seite gesprungen. Wenn du nun noch den Abstand am Objekt zwischen beiden Daumenpeilungen abschätzt (dafür am besten eine Vergleichsgröße suchen) und diesen Wert mal 10 multiplizierst, hast du die Entfernung von deinem Standpunkt zum Objekt bestimmt.

Beispiel: Springt der Daumen am Objekt um geschätzte 10 Meter, so ist das Objekt ca. 100 Meter von dir entfernt.

10 NOTFALLTRAGE

Breite eine stabile, ca. 2 m x 1,80 m große Plane (bzw. Decke oder Zeltbahn) aus und platziere einen stabilen Ast (bzw. Stab) längs bei ca. $2/3$ der Breite.

Schlage die kurze Seite der Plane über den ersten Ast und platziere einen zweiten stabilen Ast auf der Kante der umgeschlagenen Seite.

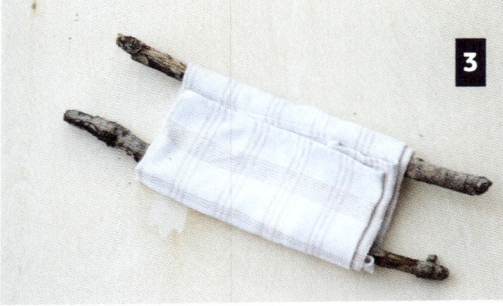

Jetzt schlage die andere Seite der Plane über den zweiten Ast – fertig! Und keine Sorge: das Gewicht der Person auf der Trage hält die Faltungen in Position.

Tiefste Pampa und ein Mitglied deiner Wandergruppe hat es schlimm erwischt? Diese improvisierte Trage hilft beim Abtransport.

Mit deiner neuen Trage kannst du natürlich auch andere schwere Dinge wie Feuerholz transportieren.

Pflaster im Bereich der Fingerknöchel verabschieden sich leider meist schon nach kurzer Zeit wieder. Flexibler und anschmiegsamer werden sie, wenn du die Klebeflächen vorab länglich einschneidest. Getreu dem Motto: Vier Klebeflächen halten besser als zwei.

Langweilig aussehende Pflaster lassen sich heldenhaft bemalen!

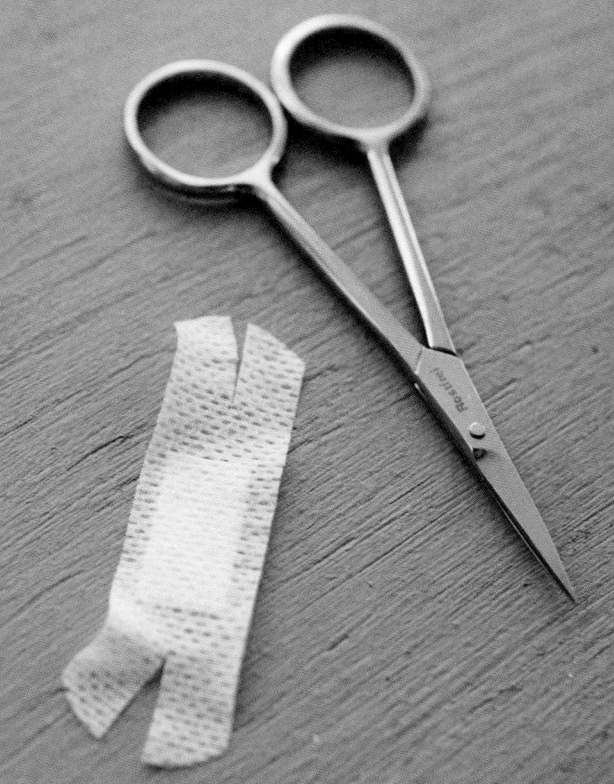

11
SCHMETTERLINGS-PFLASTER

AB IN DIE WILDNIS

12
SONNENUNTER-GANGSUHR

Um auch ohne Uhr und Smartphone abschätzen zu können, wieviel Zeit dir noch bis zum Sonnenuntergang bleibt, streckst du deine Hand (bzw. beide Hände) nach vorne aus und misst damit den Abstand zwischen Sonne und Horizont. Als ungefährer Richtwert gilt: Eine volle Handbreite bedeutet noch ca. 1 Stunde Sonnenschein, jeder Finger ca. 15 Minuten.

Mit diesem Hack holst du noch die letzten Meter Wanderung heraus, bevor du das Nachtlager aufschlägst. Aber denk dran: Das Zelt im Dunkeln aufzubauen ist der Horror.

Stopfe ein paar Klamotten in den Kompressionsbeutel deines Schlafsacks – schon hast du ein campingtaugliches Kopfkissen.

Ein paar unten in den Schlafsack gestopfte Klamotten halten zudem deine Füße angenehm warm.

13 KOPFKISSEN-KNÄUEL

14 ZELTSTANGEN FLICKEN

Knacks, schon ist die Zeltstange entzwei. Zum Glück hast du immer eine Rolle Panzerband dabei und reparierst die Bruchstelle mit zwei Stöcken und ein paar Umwicklungen.

Auch kleine Risse bzw. gelöste Nähte im Zelt kannst du mit Panzerband bequem ausbessern

Beim Zelten in entlegeneren Regionen dieser Erde solltest du dich und dein Essen vor wilden Tieren schützen. Verstaue vor dem Schlafengehen sämtliche Essenssachen in einem Sack und befestige ihn an einer langen Schnur. An das andere Ende der Schnur knotest du einen Stein oder ein ausreichend schweres Stück Holz als Wurfgewicht. Such dir einen Baum, der mindestens 50 Meter von deinem Zelt entfernt steht, und schleudere das Wurfgewicht über einen stabilen Ast. Jetzt ziehst du den Sack so weit hoch, dass er rund 3–4 Meter über dem Boden und jeweils knapp 2 Meter neben dem Stamm und unter dem Ast hängt. Abschließend knotest du das lose Schnurende am Baumstamm oder besser noch am Stamm eines benachbarten Baumes fest.

Auf böse Überraschungen verzichten: Bären beispielsweise haben ein feines Näschen und nicht selten auch einen Bärenhunger.

15 SICHER ABHÄNGEN

16
ANGESPITZT

Ein Anspitzer hilft beim Feuermachen: Spitze mit ihm einfach ein kleines Stöckchen solange an, bis du genügend feinen Anzünder in den Händen hältst.

Ein Anspitzer für dickere Stifte erleichtert dir die Suche nach einem passenden Stöckchen.

Streichhölzer und Wind vertragen sich bekanntermaßen eher wenig bis gar nicht. Wenn du allerdings mit deinem Taschenmesser einige Holzfasern unterhalb des Zündkopfs einritzt und aufstellst, erhöhst du deine Erfolgsquote ungemein!

Wasserfest werden deine Streichhölzer, indem du die Zündköpfe einmal kurz in flüssiges Wachs eintauchst.

17
WIND- UND WETTERFEST

Schnapp dir eine leere Thunfisch-Dose und staffiere sie mit aufgerollten, ca. 2–3 cm breiten Wellpappstreifen aus. Jetzt Speiseöl, flüssiges Fett oder Wachs darüber gießen, kurz einziehen lassen und anzünden. Und schon kann gekocht werden!

Damit die Flammen stets ausreichend Sauerstoff bekommen, solltest du deinen Kochtopf mit Steinen o. Ä. leicht oberhalb des Campingkochers positionieren.

18 CAMPINGKOCHER MIT FISCH-APPEAL

Pfiffige Pfadfinder stecken ihre Energie lieber in den Bau der hier gezeigten Konstruktion, anstatt sich alle 20 Minuten ums Nachlegen von neuem Brennholz zu kümmern.

Gewusst wie: Sobald die unteren Scheite verkohlt sind, drückt und rutscht von oben neues Feuerholz nach.

19
SELBST-FÜTTERNDES FEUER

20
DOSENÖFFNER ADÉ

Mal wieder kein Dosenöffner zur Hand? Dann reibe die Dose mit der zu öffnenden Seite einige Male kräftig auf einer ebenen Steinoberfläche (z. B. auf einem glatten Felsen oder einer Terrassen- bzw. Gehwegplatte) hin und her, bis der erste Saft ausläuft. Jetzt die Dose umdrehen und seitlich eindrücken: der Deckel öffnet sich wie von Zauberhand...

Vorsicht beim Eindrücken der Seiten – der Deckel ist scharfkantig!

21 GIB GUMMI

Du kennst die Basics: Holz im Winter fällen, anschließend in kurze Stücke sägen und so hacken, dass möglichst viele Seiten ohne Rinde sind. Das Neue an der Sache: Wenn du einen alten Autoreifen auf den Spaltklotz legst, fällt das Holz beim Spalten nicht herunter und du musst dich nicht jedes Mal bücken. Dein Rücken wird es dir danken!

Dieser Hack setzt natürlich voraus, dass dein Spaltklotz breit genug ist.

AB IN DIE WILDNIS

Rauch und Qualm – insbesondere von getrockneten Salbeiblättern – hält Mücken auf Distanz. Einfach ein kleines Schälchen voll Blätter anzünden oder eine Handvoll ins Lagerfeuer werfen.

Damit dich die Mücken auch ohne Feuer weniger stark frequentieren, kannst du dich an den gefährdeten Hautzonen mit Storchschnabel- bzw. Geranienblättern einreiben, die häufig in Gärten, Parks und der freien Natur anzutreffen sind.

22
MÜCKEN BYE-BYE!

23 WASSER-LAMPE

Sorgt für mehr Gemütlichkeit beim Zelten: Eine gefüllte Wasserflasche, die du auf eine Stirn- oder Taschenlampe stellst. Sofern die Flasche nicht zu schwer ist, kannst du sie auch auf deine Handytaschenlampe stellen.

Dasselbe Prinzip wird seit einigen Jahren unter dem Projektnamen „Liter of Light" vorzugsweise in ärmeren Regionen dazu genutzt, um Sonnenlicht in dunkle Räume zu leiten. Dabei wird die Flasche so in der Decke befestigt, dass sich die obere Hälfte im Außenraum und die untere Hälfte im Innenraum befindet. Die auf diese Weise erzeugte Lichtintensität entspricht in etwa einer 50-Watt-Glühbirne!

AB IN DIE WILDNIS

NOTIZEN

AHA!

Ein Feuer anzumachen ist einer der Ur-Momente in Sachen Outdoor-Erfahrung. Sofern weder Zunder noch klassische Anzündhilfen vorhanden sind und auch die in diesem Kapitel beschriebenen Alternativmethoden nicht zur Verfügung stehen, hier noch ein paar Möglichkeiten: Instant-Nudeln etwa brennen super. Mit Öl getränktes Küchen- oder Zeitungspapier auch. Und nicht zu vergessen: Wachsmalstifte.

born to GRILL

24 EIERLEI

Leere Eierkartons sind eine super Anzündhilfe für deine Grillkohle. Den Karton auf den Boden des Grills legen, leicht mit Kohle bedecken und anzünden – und schon kann der Grillspaß beginnen!

Volle Grillpower voraus! Eines der wohl archaischsten kulinarischen Hobbys feiert sich in diesem Kapitel selbst. Frei nach der Devise: Angrillen im Januar, Abgrillen im Dezember. Mit dabei: Tipps zur adäquaten Grillvorbereitung, zum improvisierten Anfeuern und ungewöhnlichen Anbraten, zur allgemeinen Verköstigung sowie zum abschließenden Saubermachen. Alle Mann antreten zur großen Grillparade!

25
HEISS UND FETTIG

Mais- oder Kartoffelchips können dir als Grillanzünder mit Eventcharakter dienen. Eine ordentliche Portion davon anzünden und anbrennen lassen, bevor du behutsam die Kohlen aufschüttest. Der hohe Fettgehalt macht die Chips zum wahren Dauerbrenner.

Wer nur selten Fleisch zubereitet, wird wohl eher keinen Fleischklopfer in der Küchenschublade haben. Macht nichts – die hier gezeigte Hammer-Gabel-Kombination tut's auch...

Wenn du geklopftes Schnitzelfleisch an den Seiten leicht einschneidest, rollt es sich beim Braten nicht auf.

26 HAMMER!

Über Cola als Getränk lässt sich streiten, als BBQ-Helfer dagegen ist es Gold wert: Leg dein Fleisch vor dem Grillen für ca. 2 Stunden in klassische (nicht kalorienreduzierte) Cola ein und du wirst sehen, wie wunderbar zart es später vom Rost kommt und welch herrliche Geschmacksnote es in sich trägt.

Alternativ zum Einlegen in Cola kannst du das Fleisch auch darin kochen oder es nach dem Braten eintauchen.

27
COLA-BRATEN

28 WHISKEY-MARINADE

Whiskey, Honig und Senf miteinander vermischen und mit den Gewürzen abschmecken. Das Fleisch vollständig in der Marinade einlegen und luftdicht verschlossen für rund 24 Stunden im Kühlschrank lagern. Und dann ab auf den Grill oder in die Pfanne damit!

Lecker würzig und deftig im Geschmack.

4 CL WHISKEY

4 TL HONIG

4 TL SENF

SALZ UND PFEFFER

PAPRIKAPULVER, ROSENSCHARF

THYMIAN

BORN TO GRILL

- 250 G MEHL
- 200 ML HELLES BIER
- 2 EL ZERLASSENE BUTTER
- 2 EL MILCH
- 2 EIER (GRÖSSE M)
- ½ TL SALZ

BIER-PANADE

Hier kommt ein schnelles und einfaches Grundrezept für Bierteig: Mehl, Bier, Butter und Salz verrühren. Die Eier unterrühren und den glatten, leicht zähflüssigen Teig rund 30 Minuten ziehen lassen.

Bierteig ist eine tolle Sache und eignet sich nicht nur zum Frittieren von Fisch, sondern auch von Obst und Gemüse! Blöd nur: was machst du mit der angebrochenen Flasche Bier?

30
BRENN-NESSEL-PESTO

Mit diesem herrlich frisch und nussig schmeckenden Pesto machst du die ungeliebte Brennnessel zu deinem neuen kulinarischen Begleiter! Die Brennnesseln heiß waschen, trocken schleudern und zusammen mit dem Olivenöl, den Sonnenblumenkernen, dem Knoblauch und dem Saft der Zitrone im Mixer zerkleinern. Mit Salz und Pfeffer abschmecken, fertig! Kühl und luftdicht verschlossen lagern.

Zum Brennnesselpflücken und zum Abwaschen am besten Gartenhandschuhe oder dicke Gummihandschuhe tragen. Dann ist man auch vor Brandwunden sicher!

- 50 G BRENNNESSELBLÄTTER
- 100 ML OLIVENÖL
- 100 G SONNENBLUMENKERNE
- 1 ZITRONE
- 1 KNOBLAUCHZEHE
- SALZ UND PFEFFER

31 HAND ANLEGEN

Ein Gasgrill ist eine super Sache, wäre da nicht die nagende Ungewissheit, ob das Gas noch für die nächste Session ausreicht. Glücklicherweise kannst du den Füllstand bei metallenen Propangasflaschen erfühlen – ja, erfühlen –, indem du etwas heißes Wasser über die Seite der Flasche laufen lässt und sie anschließend betastest: Der Übergang vom kalten zum warmen Metall markiert die Füllstandslinie.

Eine andere, wenn auch weniger unterhaltsame Möglichkeit ist das Wiegen – Füllmenge und Tara stehen auf der Flasche. „Tara" bezeichnet die Differenz zwischen Brutto- und Nettogewicht.

32
COOLDOWN IN REKORDZEIT

Männerabend. Die Meute ist bereits im Anmarsch, da fällt dir plötzlich ein, dass du vergessen hast, das Bier kaltzustellen? Den Kühlturbo zündest du so: Gib einen ordentlichen Batzen Eiswürfel zusammen mit Wasser und einer guten Portion Salz in eine große Schüssel, rühre kurz um und stelle die Flaschen hinein. Schon nach wenigen Minuten hat das Bier die optimale Trinktemperatur! Achtung: nicht zu lange drin lassen, die Flaschen könnten platzen.

So funktioniert's: Das Salz lässt das Eis schmelzen und die dafür benötigte Energie wird dem Bier entzogen, sprich es kühlt ab.

33
DIP-BUFFET

Ein Muffinblech eignet sich wunderbar, um verschiedene Dips und Snacks übersichtlich und platzsparend auf dem Tisch zu platzieren.

Die puristische Alternative für Männerrunden: Ketchup und Senf auf den Tisch und fertig ist die Laube.

Kleide einen Terrakotta-Blumentopf mit Alufolie aus, wobei du das Loch im Boden als Luftzug belässt (hier einfach die Alufolie mit dem Finger durchstechen). Da der Topf später vor allem im unteren Bereich sehr heiß wird und von dort die Luft zieht, musst du ihn mithilfe von ein paar Holzscheiten o. Ä. leicht erhöht aufstellen. Jetzt die Kohlen einfüllen (nicht zu hoch) und anzünden. Sobald die Kohlen angeheizt sind, kannst du ein rund zugeschnittenes Metallgitter bzw. einen herkömmlichen Grillrost auflegen und losgrillen. Viel Spaß!

Die glühenden Kohlen am Ende nicht mit Wasser ablöschen, da der Topf durch den Temperatursturz zerspringen könnte.

34 BLUMEN-TOPF-GRILL

BORN TO GRILL

35
KARTOFFELSPIRALEN

Diese gekonnte Inszenierung der allseits beliebten Kartoffel ist ein wahrer Genuss für Mund und Auge!

Dieselbe Technik eignet sich auch für Würstchen oder Zucchini.

1 Die Kartoffel längsseitig auf einen Schaschlikspieß stecken.

2 Auf ein Schneidebrett legen und die Kartoffel mit einem scharfen Messer mit glatter Schneide am einen Ende leicht schräg einschneiden.

3

Das Messer still halten und durch konstantes Drehen der Kartoffel einen langen, spiralförmigen Schnitt bis zum anderen Ende setzen.

Die Kartoffelspirale behutsam auseinanderziehen, nach Belieben einfetten und würzen und im Backofen oder auf dem Grill rösten.

4

BORN TO GRILL

36 GRILLPFLANZEN

Mediterrane Kräuter wie Rosmarin, Salbei, Basilikum oder Oregano können deinem Grillgut eine zusätzliche, würzige Note verleihen. In diesem Fall allerdings auf indirekte Art: Leg die Kräuter für ein paar Minuten in Wasser ein und wirf sie anschließend auf die glühenden Kohlen. Kurz warten, bis sich der erste Qualm verzogen hat, dann das Fleisch etc. auflegen.

Neugierige Grillmeister versuchen es auch mit Petersilie, Lavendel oder Pfirsichblättern.

Du beherrschst das Burgerbraten in allen Garstufen? Sehr gut, aber kannst du dir auch die unterschiedlichen Wunschbestellungen deiner Gäste merken? Zweimal Medium rare, einmal Medium, dreimal Well done… Um hier stets den Überblick zu behalten und die Bestellungen später richtig zuordnen zu können, notierst du die jeweiligen Garstufen einfach mit einem Punktesystem Ketchup auf die Burgerbrötchen: 1 Medium rare, 2 medium, 3 Well done!

Hardliner-Tipp, falls dir die ganze Braterei irgendwann über den Kopf wächst: Das gute alte Mettbrötchen sättigt auch.

37
KETCHUP-BESTELL-ZETTEL

BORN TO GRILL

38
BURGER IM ANFLUG

Auch wenn es so etwas wie den perfekten Burger leider nicht gibt, so verleiht das Streben danach vielen Leuten Antrieb. Etwas einfacher sieht die Sache beim Verzehr aus: Für die erwiesenermaßen beste Art, einen Burger zu halten, bedarf es beider Hände, wobei – und jetzt kommt der Trick – die Daumen UND die kleinen Finger unterhalb und die jeweils übrigen drei Finger oberhalb des Burgers liegen. Dadurch ist er wesentlich besser ausbalanciert und die Zeiten, in denen die Toppings früher oder später ungewollt abschmieren, sind endlich vorbei.

So einfach die Technik des richtigen Haltens auch ist – bislang sieht man sie nur äußerst selten in Anwendung.

39
FRUCHTIGE CIDRE-BOWLE

- 500 G FRISCHE ERDBEEREN (ERSATZWEISE TIEFGEFROREN)
- 50 G ZUCKER
- 750 ML TROCKENER SEKT
- 500 ML HERBER CIDRE BZW. APFELWEIN

Die gewaschenen und geschnittenen Erdbeeren in eine Schale geben, mit Zucker bestreuen und mit der Hälfte des Cidre aufgießen. Ca. 1 Std. ziehen lassen. Anschließend mit dem kühlgestellten Sekt und dem kühlgestellten restlichen Cidre aufgießen, behutsam umrühren und servieren.

Ein fruchtig-frischer Sommer-Drink, der die deftige Grillerei stimmig abrundet.

40 SCHWEDENFEUER

Das sogenannte Schwedenfeuer ist eine kompakte Alternative zum klassischen Lagerfeuer und eignet sich obendrein bestens als improvisierte Kochstelle. Zur Herstellung brauchst du eine Kettensäge sowie einen Baumstamm aus Nadelholz mit einem Durchmesser von ca. 20–50 cm und einer Höhe von ca. 50–100 cm. Teile den fest und sicher stehenden Baumstamm mit drei senkrechten Schnitten in Sechstel, wobei du unten einen Sockel von knapp 10 cm Höhe belässt, damit der Baumstamm nicht auseinanderfällt. Zum Entfachen kannst du Grillanzünder seitlich in die Schlitze und oben ins Kreuz geben.

Wenn du das Schwedenfeuer zum Kochen nutzen möchtest, solltest du vor dem Anzünden noch drei lange Nägel auf der Oberseite halb ins Holz schlagen. Hierauf kannst du später deinen Kochtopf bzw. die Bratpfanne stellen.

Grillspieße sind ein Klassiker! Man kann sich nach Lust und Laune austoben, tut es aber viel zu selten. Egal ob Fleisch, Gemüse oder gemischte Spieße – alles ist gut und wird gut, wenn du darauf achtest, die Spieße ein gutes Weilchen indirekt vorzugaren und erst zum Abschluss von allen Seiten scharf anzugrillen. Andernfalls wird zwar das Fleisch gar, aber das Gemüse schwarz.

Auch lecker: Das Fleisch durch mit Knoblauch und Basilikum marinierte Garnelen ersetzen!

41

AUFGESPIESST

Gare die geschälten und grob gestiftelten Süßkartoffeln ca. 5 Minuten in Salzwasser vor. Mische die abgetropften Pommes-Stifte in einer Grillschale mit dem Öl und den Gewürzen. Jetzt ab auf den Grill damit und unter regelmäßigem Wenden knusprig werden lassen. Nachsalzen nach Belieben.

Geheimtipp: Ein wenig Limettensaft auf die fertigen Pommes träufeln, mmmhh...

4 SÜSSKARTOFFELN

4 EL OLIVENÖL

½ TL CAYENNEPFEFFER

SALZ UND PFEFFER

42
KNUSPRIGE SÜSSKARTOFFEL-POMMES

Gegrillter Fisch schmeckt köstlich, aber dummerweise bleibt meist die Hälfte davon am Grillrost kleben. Ein paar dazwischengelegte Orangenscheiben helfen gleich doppelt: der Fisch backt nicht mehr an und bekommt obendrein einen frischen Aroma-Kick.

Funktioniert auch mit Zitronen-, Limetten oder Grapefruitscheiben.

43 AALGLATTER ZITRUS-FISCH

44
ZIMTIGE FRUCHTSPIESSE

Orientalische Extravaganz für gegrillte Obstspieße: Wie wäre es zur Abwechslung mal mit Zimtstangen anstelle von Holz- oder Metallstäbchen? Klar, die Zimtstangen sind vergleichsweise kurz und kostenintensiv, dafür werden die Spieße optisch und geschmacklich zum Hochgenuss!

Eine gute Obstkomposition umfasst bspw. Äpfel, Ananas, Pfirsiche und Nektarinen.

Gib Popcornmais zusammen mit etwas Öl und ggf. weiteren Zutaten wie Käse oder Speckwürfeln auf ein großes Blatt Aluminiumfolie. Schlage die Folie über den Körnern um und forme aus ihr einen Beutel mit genügend Volumen für das spätere Popcorn. Achte darauf, dass die Ränder des Beutels gut verschlossen sind (ggf. mehrmals umschlagen). Ab auf den Grill damit und warten. Sobald die ersten Körner ploppen, solltest du den Beutel leicht hin und her schütteln, damit das Popcorn nicht anbrennt.

Abschließend nach Belieben mit Zucker, Salz oder auch BBQ-Sauce verfeinern.

45
BBQ-POPCORN

46
MARSHMALLOWS RICHTIG RÖSTEN

Keiner hat behauptet, dass Marshmallows nur etwas für Kinder sind! Such dir einen frischen Ast aus Laubholz und spitze das Ende mit dem Messer leicht an. Piekse dein Marshmallow auf und röste es mit ca. 10–20 cm Abstand oberhalb der glühenden Kohlen. Sofern du am Lagerfeuer sitzt: Halte es keinesfalls direkt in die Flammen, sondern such dir einen kleinen Glutofen, bei dem die Hitze auch von den Seiten strahlt. Drehe dein Naschwerk langsam und stetig. Den Ast kannst du ggf. auf einem Baumstamm ablegen, damit er sich ruhiger drehen lässt.

Dein Marshmallow ist fertig, wenn die Außenfläche gleichmäßig goldbraun und kross ist und der Innenteil warm und weich. Yummy!

Die große Grillerei ist zu Ende und der Rost erfolgreich verfettet und verkrustet? Der selbsternannte Fachmann spießt jetzt mit der Gabel eine halbe Zwiebel auf und reibt damit den noch heißen Rost kräftig ab. Kruste adé – und der Rost ist wieder einsatzbereit für die nächste Grillsession.

Auf Hochglanz trimmst du den Rost damit zwar nicht, dafür steigt dir ein herrlicher Zwiebelbratgeruch in die Nase.

47
ZU TRÄNEN GESÄUBERT

NOTIZEN

AHA!

Während sich die BBQ-Gesellschaft vollgefuttert und zufrieden zurücklehnt, bereitest du mit der verbliebenen Gluthitze noch schnell den Nachtisch zu. Wie wäre es zum Beispiel mit heißen Maronen, Bratäpfeln mit Marzipanfüllung oder Bananen mit Schokofüllung?

48 EIWEISSSPRITZE

Dein heißgeliebter Fußball verliert zu schnell an Luft? Dann ist es womöglich an der Zeit für eine minimalinvasive Do-it-yourself-Operation! Schlag ein Ei auf und sauge das Eiweiß mit einer Spritze ein. Steck die Spritzennadel durch das Ballventil und spritze das Eiweiß in den Ball hinein. Gut schütteln, aufpumpen, fertig!

Schon wieder WM?! Und Bayern ganz überraschend Deutscher Meister? Macht nichts, kann jedem mal passieren… Gevatter Fußball kann man mögen oder nicht – rein sportlich betrachtet stellt er das größte generationsübergreifende kulturelle Erbe der Menschheit dar. So munkelt man zumindest in der Fankurve, und in diesem Sinne wird auf den nächsten Seiten analysiert, philosophiert und kultiviert, was das Zeug hält. Für echte Sportsmänner, auf und neben dem Platz.

49
STRUMPFBEUTEL

Die Sportklamotten klein und kompakt verstauen, so geht's: Trikot, Hose und Strumpf Nr. 1 aufeinanderlegen, einmal quer zusammenfalten und dann der Länge nach straff einrollen. Strumpf Nr. 2 über die Wäschewurst stülpen. Fertig!

Der neue Style: die Sportwurst!

Wenn dein geliebtes Trikot selbst nach dem empfohlenen 40°C-Waschgang noch regelmäßig vor sich hin müffelt, dann versuch's mal mit der Alternative „über Nacht ins Tiefkühlfach legen". Du wirst sehen, anschließend riecht es wieder absolut frisch!

Die Kälte tötet die eigentlichen Bakterien zwar nicht ab, aber dafür zumindest den für den Geruch verantwortlichen „Bakterien-Kot".

50
TRIKOT EINFRIEREN

51
HACKE, SPITZE, EINSZWEIDREI

Es gibt viele imposante Arten, den Ball mit den Füßen hochzuheben. Die hier beschriebene Technik reiht sich irgendwo im Bereich der unteren Fortgeschrittenen ein. Mit etwas Übung klappt sie überraschend gut!

Ein gekonntes Ballhochheben an der richtigen Stelle hilft dabei, über eventuelle spielerische Mängel hinwegzutäuschen.

1 Positioniere den Ball kurz vor der Fußspitze deines schwächeren Beins.

Bugsiere den Ball mit der Hacke deines stärkeren Fußes so nach hinten, dass er über den Fuß des schwächeren Beins nach oben rollt…

2

3

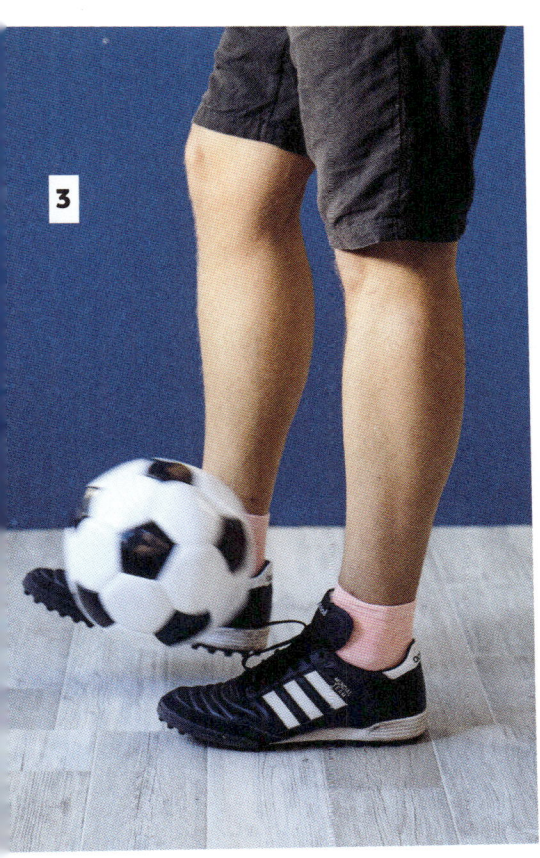

... und dort vom Schienbein wieder leicht nach vorne abprallt.

4

Jetzt noch rasch den stärkeren Fuß unter den Ball bringen und ihn hochkicken.

DAS RUNDE MUSS INS ECKIGE

In der Bundesliga gibt es pro Spiel rund 50 Einwürfe. Grund genug, dieser Standardsituation ein paar Zeilen zu widmen. Wenn sich deine Mitspieler aktiv freilaufen und sich in Wurfweite defensiv wie offensiv anbieten, hast du die Qual der Wahl: Bei einer defensiven Ausführung gehst du eher auf Nummer sicher, klaro, aber bei einer hin und wieder eingestreuten offensiven, schnellen und weiten Ausführung kannst du auf den Überraschungsmoment setzen. Da es beim Einwurf bekanntlich kein Abseits gibt, lassen sich so mitunter ungeahnte Räume öffnen und Torchancen einleiten.

Throw it like Gunnarsson! Oder zumindest halb so weit.

EINWURF FÜR TAKTIK-FÜCHSE

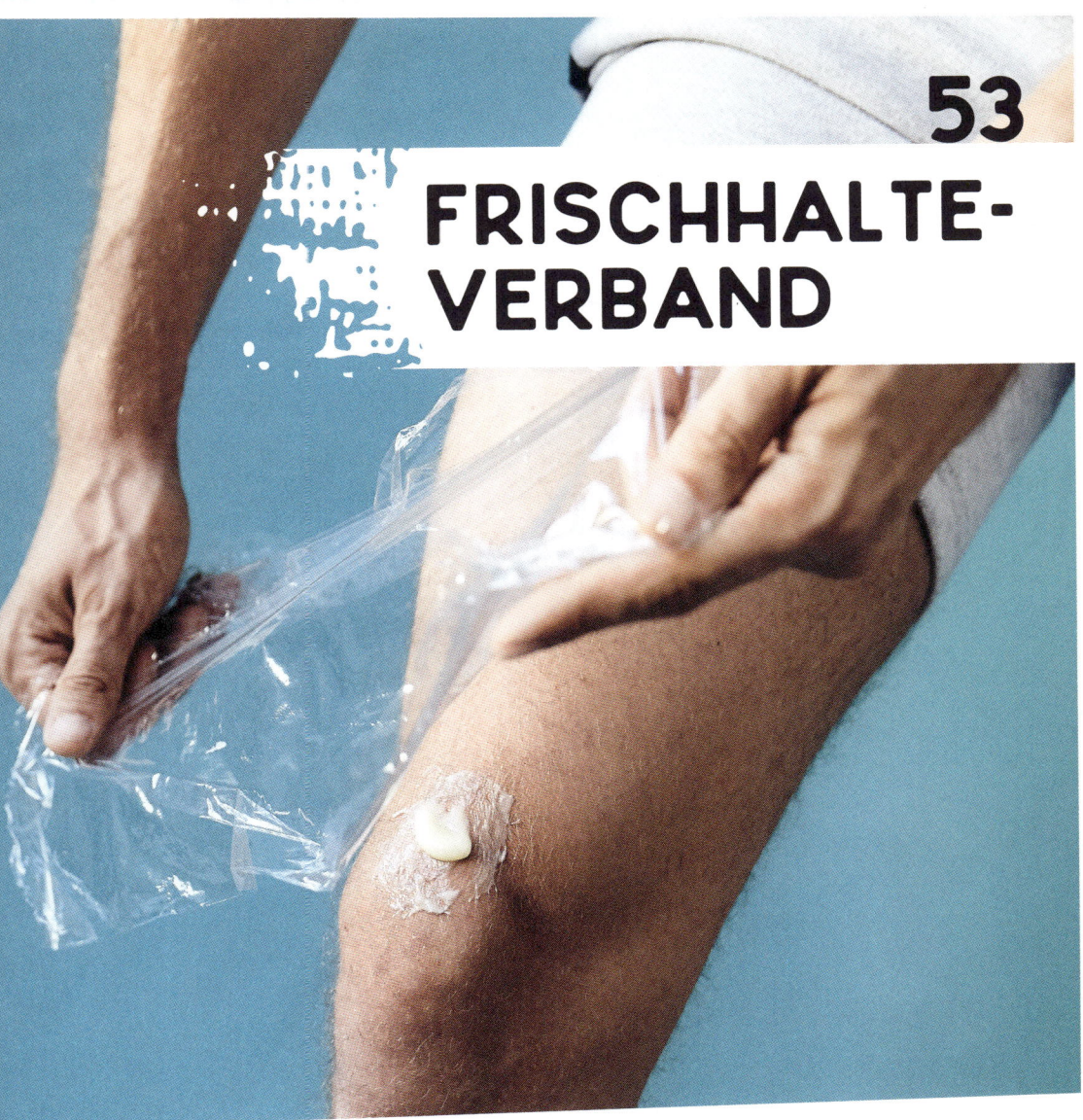

53 FRISCHHALTE-VERBAND

Damit die frisch aufgetragene Schmerzsalbe in Ruhe einziehen kann und nicht versehentlich an die Kleidung kommt, kannst du dir mit Frischhaltefolie einen provisorischen, nicht aufsaugenden Verband verpassen.

Vom Tätowierer lernen heißt siegen lernen: dein neuer Klarsichtverband.

DAS RUNDE MUSS INS ECKIGE

54
DRESS TO SUCCESS

08/15-Fankleidung kann auf Dauer ganz schön nervig sein. Modebewusste Fans tendieren da eher zum hippen Understatement: Während sich der versierte Deutschlandfan mit schwarzem Hut, rotem Hemd und gelber Chinohose präsentiert, steht der fesche Werder-Fan mit seinem weißen Hemd, grüner Chinohose und strahlendweißen Schuhen schon mal ganz weit vorne in der Einlassschlange.

Erlaubte Accessoires in diesem Zusammenhang: kleine motivische Anstecknadeln oder Socken aus dem Fan-Shop.

DAS RUNDE MUSS INS ECKIGE

Zeichne auf einer flachen Styroporplatte die Umrisse deiner Fußballschuhsohlen nach und schneide beide Teile sorgsam und etwas kleiner als angezeichnet aus. Schon hast du ein neues Paar Einlegesohlen für einen federleichten Schritt!

Beim ersten Tragen ggf. dünnere Strümpfe anziehen, da die Einlagen noch recht voluminös sind und sich erst an dein Fußbett anpassen müssen.

55
FUSSBETTCHEN

56 BODENSTÄNDIG

Hallenfußball ist eine kleine, tolle Welt für sich. Blöd nur, wenn deine Schuhe rutschig sind und du ständig an Ball und Gegner vorbeischlitterst. Mit Schmirgelpapier kannst du die Sohlen generell etwas aufrauen. Und immer bevor du das Spielfeld betrittst, solltest du sie mit einem nassen Handtuch abwischen – dieser Effekt verpufft zwar schnell wieder, dafür hast du ein paar Minuten lang absolute Bodenhaftung! Statt des nassen Handtuchs ginge auch Haarspray, was allerdings weniger ökologisch und weniger cool daher kommt...

Zusatztipp für Grenzgänger: Bis zur ersten Ermahnung mit Kunstrasenschuhen auflaufen.

DAS RUNDE MUSS INS ECKIGE

57
TIPP-WELT-MEISTER

Inzwischen sind privat organisierte Tipprunden bei fußballerischen Großereignissen ja fast schon Usus. Insbesondere im Büro kann man sich dem mitunter lästigen Treiben nur schwer entziehen. Wenn du zu denjenigen gehörst, die absolut keine Ahnung von Fußball haben oder du einfach nicht aufs Tippen stehst, aber eben auch kein Spielverderber sein willst, dann geh die Sache ganz pragmatisch an: Orientiere dich bei deinen Tipps strikt an den online einsehbaren Quoten der etablierten Wettanbieter. Auf diese Weise kannst du binnen 10 Minuten die komplette Vorrunde durchtippen und dann noch nach und nach die K.o.-Spiele einschieben. Dazwischen lehnst du dich entspannt zurück und du wirst sehen: ein Platz im gesunden Mittelfeld ist dir gewiss, wenn nicht gar mehr!

Getippt wird schlussendlich nicht mit dem Herzen, sondern dem Verstand.

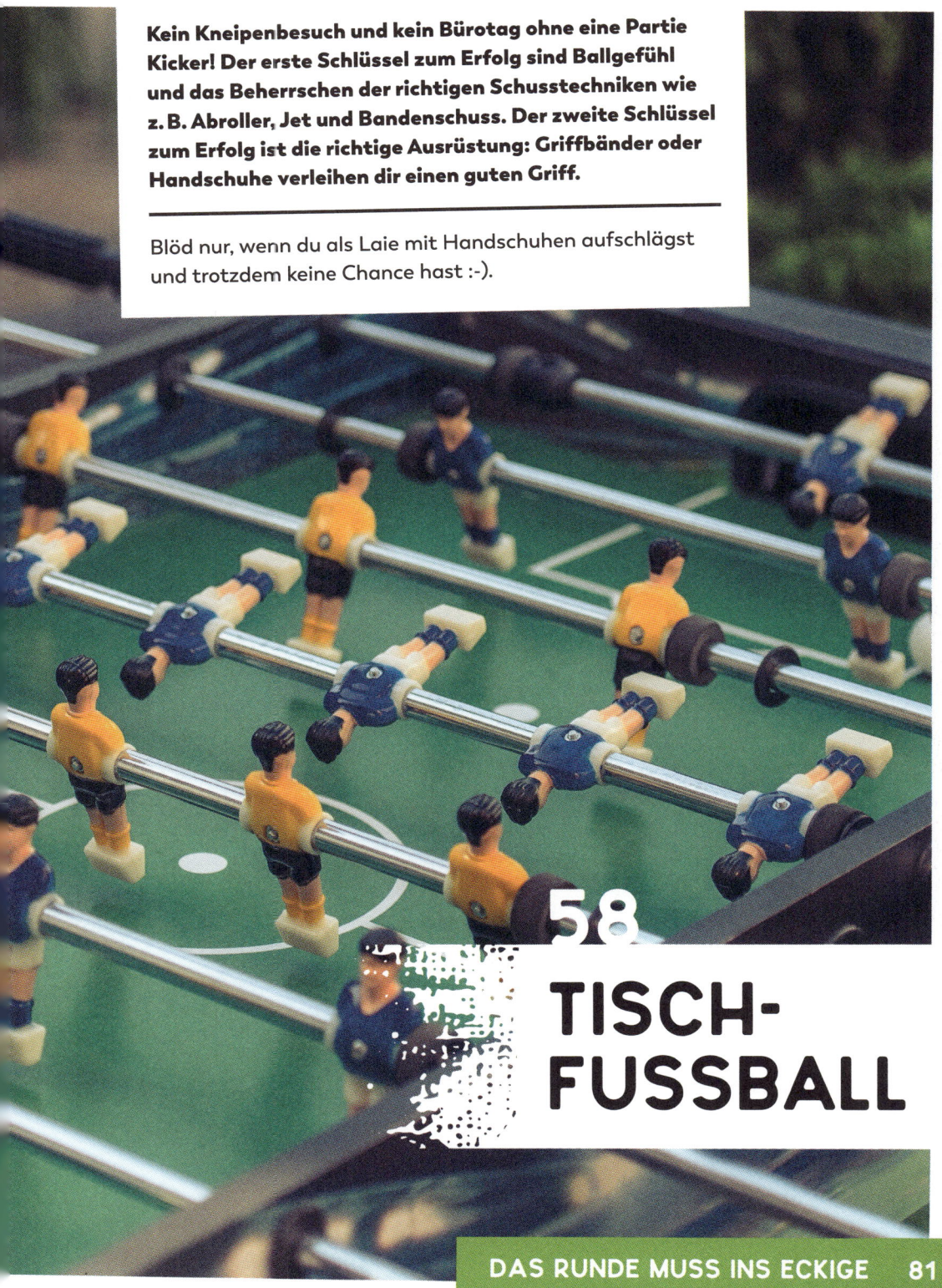

Kein Kneipenbesuch und kein Bürotag ohne eine Partie Kicker! Der erste Schlüssel zum Erfolg sind Ballgefühl und das Beherrschen der richtigen Schusstechniken wie z. B. Abroller, Jet und Bandenschuss. Der zweite Schlüssel zum Erfolg ist die richtige Ausrüstung: Griffbänder oder Handschuhe verleihen dir einen guten Griff.

Blöd nur, wenn du als Laie mit Handschuhen aufschlägst und trotzdem keine Chance hast :-).

58
TISCH-
FUSSBALL

DAS RUNDE MUSS INS ECKIGE

Der nächste Spieltag steht an und du willst optimale Leistung bringen? Dann befolge fortan die Nahrungsempfehlungen des Deutschen Fußball-Bundes: Das Frühstück sollte leicht sein, sprich keine Wurst, keine stark fetthaltigen Produkte, stattdessen lieber Müsli oder Haferflocken mit Obst und Joghurt. Wenn noch ein Mittagessen ansteht, sollte auch das wieder leicht sein, sprich Fisch statt Fleisch, Kartoffel-Gemüsesuppe oder Nudeln mit viel Tomatensauce. Dem Körper rund 10 Minuten vor dem Anpfiff noch einen Becher stilles Wasser bzw. verdünnte Sportgetränke zuführen. In der Halbzeitpause Energie tanken in Form von ein bis zwei Bechern isotonischer Sportgetränke (Wasser, Kohlenhydrate, Salz) sowie ggf. noch einem Energieriegel mit hohem Kohlenhydrat- und Natriumanteil. Nach dem Spiel viel trinken (Sportgetränke oder Apfelschorle mit etwas Salzbeigabe) und ein paar Stunden später eine kohlenhydrat- und eiweißreiche, nicht zu fettige Mahlzeit einnehmen.

Die richtige Ernährung beginnt übrigens schon am Vorabend des Spiels bzw. Trainings: Hier bildet kohlenhydratreiche Kost wie Nudeln oder Kartoffeln die Basis.

PROFI-KÜCHE

CHIPS-VERSCHLUSS

60

Champions League Fernsehabend, die Sensation liegt in der Luft – und die Chips liegen schwer im Magen. Wenn du diszipliniert genug bist, die angebrochene Packung wieder in den Schrank zu verbannen, dann leg die Tüte vor dich hin und falte die oberen Ecken schräg nach hinten. Jetzt schlägst du die Spitze 4–5 Mal nach vorne um und drehst zu guter Letzt die beiden hinteren Taschen „auf links" – sprich du schlägst sie von hinten nach vorne um. Fertig!

Zum luftdichten Verschließen eignen sich natürlich auch Verschlussclips, Wäscheklammern oder Büroklammern, es geht aber auch ganz ohne, wie dieser Hack zeigt!

DAS RUNDE MUSS INS ECKIGE 83

61
PAPIER ALS FLASCHEN-ÖFFNER

Es gibt etliche, zum Teil recht amüsante und imposante Wege, um eine Bierflasche zu öffnen. Eine bis dato noch relativ unbekannte Methode geht so: Falte ein herkömmliches DIN-A4-Blatt viermal längs und anschließend einmal quer zusammen – fertig ist der Flaschenöffner! Den Knick der letzten Faltung hochkant unter dem Kronkorken ansetzen und aufhebeln.

Auch wenn manche Männer es cool finden mögen:
Das Öffnen einer Bierflasche mit den Zähnen wird an dieser Stelle ausdrücklich nicht empfohlen.

Zerreiße den Deckel des Pizzakartons in vier kleine Quadrate oder (für ganz Kreative) in Dreiecke – schon hat jeder Hungrige einen Tellerersatz für sein Pizzastück!

Kein Kleckern, kein Abwaschen!

62 PIZZA FÜR ALLE!

DAS RUNDE MUSS INS ECKIGE

Wie wäre es zur Abwechslung mal mit einem Fanbüfett in Landes- bzw. Vereinsfarben? Bei Deutschlandspielen könnten bspw. Schwarz-rot-goldene Käsespieße oder der Obstsalat „Schland" auf den Tisch kommen. Ebenfalls genügend Spielraum bieten die häufig vorkommenden Vereinsfarben Grün-Weiß (bspw. kleine Mozarella-Kügelchen mit Gurkenstückchen) bzw. Rot-Weiß (bspw. kleine Mozarella-Kügelchen mit Cocktailtomaten).

Schwieriger ist der Fall bei Blau-Weiß – wobei: dem eingefleischten Fan fallen auch hier bestimmt noch ein paar tolle Dinge ein! Notfalls hilft der Griff zur Lebensmittelfarbe.

63
FAN-SEIN GEHT DURCH DEN MAGEN

64 PIMP MY SHOES

Mit dieser zusätzlichen, ultrahippen Bindung wirst du zum Paradiesvogel auf dem Fußballplatz! Fädle jeweils einen extra Schürsenkel so zwischen den Nocken und den Schnürsenkel-Löchern ein wie auf dem Bild gezeigt.

Das Ergebnis sieht nicht nur cool und originell aus, es verleiht dir auch zusätzlichen Halt und ggf. Dynamik in den Schuhen.

DAS RUNDE MUSS INS ECKIGE

65 ALTERNATIVEN ZUM FUSSBALL

Für alle, die ihren Fußball-Kosmos gerne ein wenig erweitern möchten: Mittlerweile gibt es eine Reihe von höchst amüsanten alternativen Trend- und Randsportarten, die man zumindest kennen, besser noch ausprobieren sollte:

Wenn du es lieber etwas ruhiger angehen lässt, versuch's mal mit improvisiertem Footgolf – quasi Crossgolfen mit Fußball und ohne Schläger. Wer schafft es, das vorgegebene Ziel mit den wenigsten Schüssen zu erreichen?

1. **Headies:** Fußball trifft Tischtennis! Alles was du brauchst: zwei Spieler, ein Fußball, eine Tischtennisplatte. Der Ball darf nur mit dem Kopf gespielt werden.

2. **Teqball:** Die etwas „elaboriertere" Version von Headies. Der Spieltisch ähnelt einer seitlich leicht geschwungenen Tischtennisplatte. Gespielt wird im Einzel oder als Doppel; der Fußball darf – mit Ausnahme der Hände und Arme – mit dem gesamten Körper gespielt werden und muss binnen maximal drei Ballberührungen auf die andere Spielfeldseite gebracht werden.

3. **Futsal:** Eine inzwischen recht verbreitete und von der FIFA anerkannte Hallenfußball-Variante. Einige der wichtigsten Unterschiede: Gespielt wird stets mit fünf Spielern pro Team, der Spielball ist kleiner und sprungreduzierter als ein herkömmlicher Hallenfußball und das Spielfeld ist durch Linien anstatt durch Banden begrenzt.

4. **Sepak Takraw / Footvolley:** Fußball trifft Volleyball! Zwei Teams zu je drei Spielern stehen sich gegenüber und versuchen, den Ball mit den Füßen übers Netz in die gegnerische Spielfeldhälfte zu dreschen. Footvolley ist eine abgeleitete Variante, die auf einem Beachvolleyball-Feld gespielt wird.

5. **Mýrarboltinn:** Der deutsche Name dieser Funsportart aus Island lautet „Schlammfußball", womit im Grunde auch schon alles gesagt ist. Ein herrlich matschiges Vergnügen mit zum Teil abstrusen Zusatzregeln.

DAS RUNDE MUSS INS ECKIGE

NOTIZEN

AHA!

Was tun mit den vielen angehäuften Schwarz-Rot-Gold-Fanartikeln, sollte Deutschland im laufenden Turnier wieder früh die Biege machen? Umsatteln! Farblich zerlegt und neu zusammengesetzt wird aus der schnöden Deutschlandfahne rasch eine Belgienfahne. Und zwei längsseitig mit den gelben Flächen aneinandergelegte Deutschlandfahnen zeigen eine gerahmte Spanienflagge. Völkerfreundschaft rules. Und deine Chancen auf ein langes Turnier steigen gewaltig ...

SELBST ist der Mann

66 NAGELLACK-SCHADEN

Als Übergangs- oder Notlösung lassen sich kleinere Lackschäden am Auto mit farblich passendem Nagellack schnell und kostengünstig ausbessern.

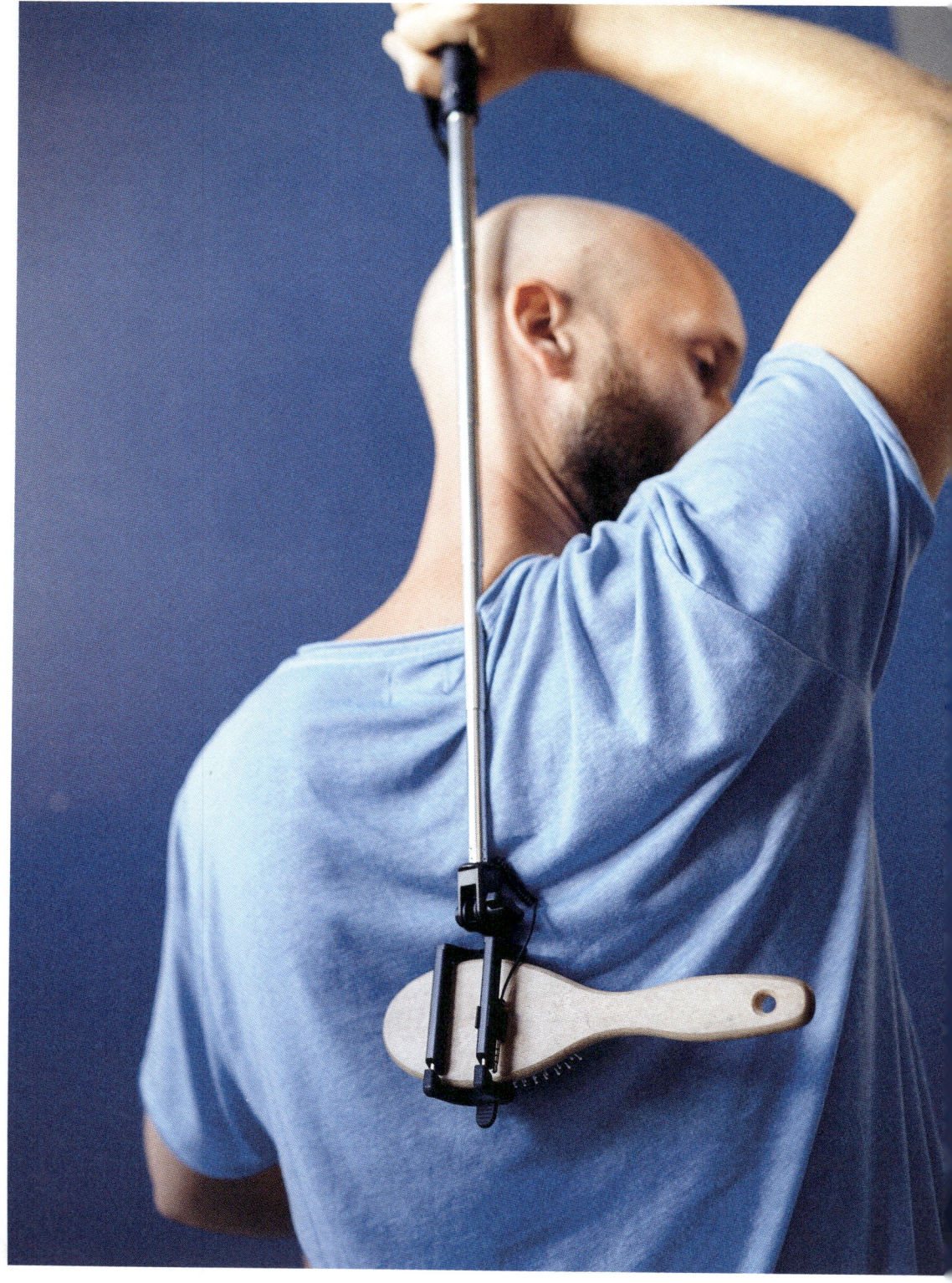

Treffen sich ein Kabelbinder, ein Dübel und ein Streifen Klebeband... Was nach dem Anfang eines hammerguten Witzes klingt, ist in Wirklichkeit das Ende des hochtechnologischen Fortschritts in Sachen männlicher Reparatur- und Improvisationskunst. Wer's nicht glaubt, der wird in diesem Kapitel eines Besseren belehrt. Hier finden sich Allmacht und Allheilmittel für Haus, Automobil und Drahtesel.

SELBST IST DER MANN

Schnürsenkel kaputt oder gar fehlend? Aus einem Streifen Panzerband kannst du dir im Handumdrehen Ersatz basteln: Reiß das Klebeband der Länge nach durch und klebe die beiden schmalen Streifen zu einem langen Streifen zusammen. Ein Ende fixierst du an einem festen Gegenstand (Nagel, Tischbein etc.), das andere Ende befestigst du an einem Stab (z. B. einem kleinen Ast oder einer Gabel). Nun drehst du den Stab solange, bis das Klebeband in sich zu einer stabilen Schnur verdreht ist.

Statt Panzerband tut es im Notfall auch Paketklebeband bzw. Malerkrepp.

67
AUF DEN SENKEL GEHEN

68
REISSVERSCHLÜSSE GESCHMEIDIG HALTEN

Reißverschlüsse bleiben schön leichtgängig, wenn du sie mit Kerzenwachs einreibst.

Kein mühevolles Ziehen und Zerren, keine abgerissenen Reißverschlussgriffe mehr!

SELBST IST DER MANN

69
ABPRALLER

Vollanaloger Einparkassistent aus Opas Zeiten: Hänge einen kleinen Ball so an der Decke deiner Garage oder deines Carports auf, dass er die Windschutzscheibe berührt, sobald das Auto die optimale Parkposition erreicht hat.

Zur Befestigung eine Schnur um den Ball binden oder einen Tennisball ein kleines Stück einschlitzen und ein mit einem dicken Knoten versehenes Schnurende hineindrücken.

Dein Auto ist vom Parken in der prallen Sonne völlig überhitzt – und obendrein ist auch das Lenkrad schweineheiß? Beim nächsten Mal kannst du das Lenkrad beim Abstellen des Wagens um 180 Grad nach unten drehen, damit der Griffbereich nicht der direkten Sonneneinstrahlung ausgesetzt ist.

Eine Sonnenschutz-Scheibenabdeckung wäre der – wohlgemerkt etwas spießigere – Plan B.

70
COOL BLEIBEN

SELBST IST DER MANN

Gut zu wissen: Wenn du mit deinem Fahrrad jemals irgendwo fernab der Zivilisation einen Platten bekommst und du keinen passenden Flicken mehr dabei hast, kannst du dir folgendermaßen behelfen: Finde mithilfe deiner Luftpumpe das Loch.

Hardcore-Variante, falls der Schlauch komplett hin ist: Stopfe so viel Gras wie möglich in den Mantel hinein. Das ist zwar zeitintensiv und mutet merkwürdig an, sollte dich aber zumindest wieder einigermaßen bis nach Hause zurück bringen.

1

71
SICHER VERKNOTET ANS ZIEL

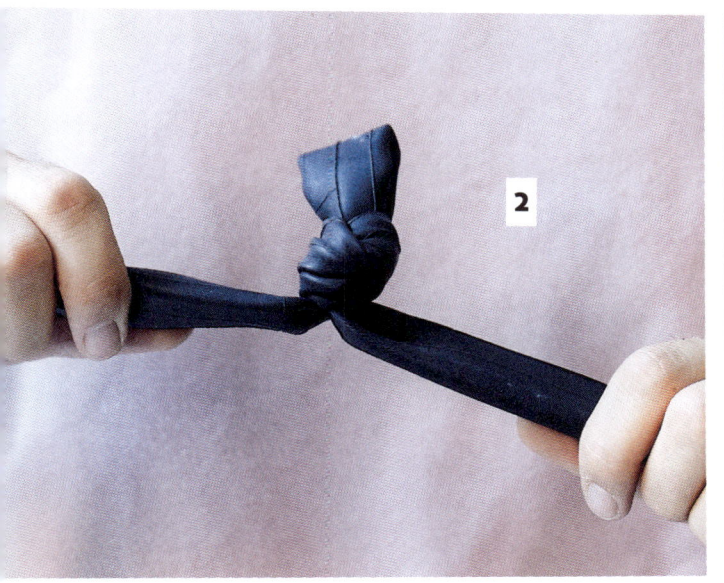

2 Zurre nun einen festen Knoten so in den Schlauch, dass der kaputte Bereich minimal übersteht.

3

Der jetzt noch zur Verfügung stehende Schlauch ist zwar merklich verkürzt, aber dehnbar genug, um sich wieder einsetzen und aufpumpen zu lassen.

SELBST IST DER MANN

72
KABELBINDER-DUSCHE

Kabelbinder sind ein schneller, kostengünstiger und vor allem höhenverstellbarer Ersatz für reguläre Duschvorhang-Haken.

Und sollten deine Kabelbinder zu kurz sein, kannst du einfach zwei oder mehr auf die gewünschte Länge ineinanderstecken.

Die meisten Kabelbinder sind eine vermeintliche Einweglösung: einmal festgezurrt, werden sie zum Öffnen durchgeknipst und entsorgt. Dabei lassen sich handelsübliche Einwegkabelbinder mit einer Sperrzunge aus Kunststoff spielerisch wieder entriegeln und öffnen, indem du eine Nadel zwischen Kabelbinderkopf und -zunge steckst.

Auf Seite 109 und 125 findest du weitere Kabelbinder-Hacks!

73
KABELBINDER-ÖFFNER

74
SELFIE-KRATZER

Latentes Jucken an schwer zugänglichen Stellen? Das ist DIE Gelegenheit, endlich etwas Sinnvolles mit diesem dämlichen Selfie-Stick anzustellen, den du dir im letzten Urlaub „aus Versehen" zugelegt hast: Haarbürste reinklemmen, Vollpfostenantenne ausfahren, loskratzen. Herrlich!

Zur Not kannst du natürlich auch auf die Haarbürste verzichten und dir die pure Selfie-Stick-Kratzeinlage verpassen.

Eine fehlende Verbindungsschraube am Brillenscharnier lässt sich gut durch ein Stückchen Zahnseide ersetzen: durchfädeln, fest verknoten, fertig!

Zahnseide ist dünn und reißfest und lässt sich wunderbar verknoten.

75
ZAHNSEIDEN-SCHARNIER

76
PANZERKNACKER

Schlüssel weg, Frustfaktor hoch? Kleinere Vorhängeschlösser kannst du mithilfe von zwei ausreichend großen Maulschlüsseln im Handumdrehen aufknacken: Jeweils eine Seite der Mäuler zwischen dem Schlossbügel platzieren, sodass ein Hebel entsteht. Jetzt die Maulschlüssel mit den Enden kräftig zusammendrücken, bis der Bügel aus der Verankerung bricht.

Endlich mal wieder ein guter Vorwand, die Muskeln spielen zu lassen!

Die aufwendige Reinigung eines verkalkten Wasserhahnkopfs kannst du umgehen, indem du ein mit Essig getränktes Stück Watte mit einem Gummiband unten am Kopf befestigst. Ca. 30–45 Minuten einwirken lassen, abspülen, fertig!

Ein entkalkter Wasserhahn fließt wieder in die gewünschte Richtung.

77
ENTKALKUNGS-VORRICHTUNG

78
SCHWARZTEE-KUR

Du hast schon wieder deinen Schwarztee in der Küche vergessen und jetzt ist er kalt und ungenießbar? Schütte ihn nicht weg, sondern nutze ihn – in eine Sprühflasche gefüllt – als Glasreinigerersatz zum Spiegel oder Fenster putzen.

Der Tee eignet sich auch als natürliches Schädlingsbekämpfungsmittel. Sprühe deine Zimmerpflanzen bei Blattlausbefall von allen Seiten damit ein und du hast wieder deine Ruhe vor den Krabbeltierchen!

Kabelbinder oder Büroklammern sind ein guter Ersatz für abgebrochene Reißverschlussgriffe.

Auch Doppelreißverschlüsse an Reisekoffern lassen sich damit schnell und unkompliziert sichern.

79 KLEINE HELFERLEIN

80
HEISSKLEBER-RADIERGUMMI

Bleistifte sind gut, aber Bleistifte mit Radiergummi sind besser. Also zück deine Heißklebepistole und verpasse den Enden deiner Normalo-Bleistifte kurzerhand ein Radiergummi aus Heißkleber!

Das Radierergebnis bei weicheren Bleistiftminen ist erstaunlich gut – bei harten Minen kommt der Kleber jedoch an seine Grenzen.

> Eine stumpfe Schere lässt sich wieder schärfen, indem du mit ihr ein Schleifpapier mit feiner Körnung (100-180) mehrmals durchschneidest und anschließend noch etwas Alufolie schneidest.
>
> Das Schleifpapier sorgt für den Grobschliff, die Alufolie für den Feinschliff.

81 SCHERENSCHLEIFER

Mit einem Flügelkorkenzieher kannst du alte Dübel ganz bequem wieder aus der Wand ziehen. Korkenzieher eindrehen – Dübel rausdrehen.

In kleinere Dübel kannst du eine passende Schraube teilweise eindrehen und sie – zusammen mit dem Dübel – mit einer Zange wieder aus der Wand ziehen.

82
DÜBELZIEHER

83
DENTALE SPACHTELMASSE

Kleinere Bohrlöcher kannst du problemlos mit weißer Zahnpasta ausbessern. Bleibt nur zu hoffen, dass dein Zahnarzt bei dir nicht auf dieselbe Idee kommt ...

Nach dem Trocknen kannst du die Zahnpasta ganz normal überstreichen.

SELBST IST DER MANN

NOTIZEN

AHA!

Panzerband – schon alleine der Name klingt verheißungsvoll, männlich und kraftstrotzend! Wie du damit einen Schnürsenkel improvisieren kannst, hast du ja bereits auf Seite 96 erfahren. Weitere Einsatzmöglichkeiten wären beispielsweise das provisorische Fixieren einer sich ablösenden Schuhsohle sowie ein stark haftendes „Bauarbeiterpflaster" in Kombination mit einem Stückchen Toilettenpapier.

GRUND WISSEN und FACHWISSEN

Egal ob du mit einem Mietwagen oder dem Auto von Freunden unterwegs bist – sobald du eine Tankstelle ansteuerst, stehst du vor der ewig gleichen Frage: „Auf welcher Seite ist der verdammte Tankdeckel?" Ein kurzer Blick auf die Tankanzeige genügt, denn der kleine Pfeil neben der kleinen Zapfsäule zeigt es an. Und sollte kein Pfeil abgebildet sein, dann sieh nach, auf welcher Seite der Anzeige sich die kleine Zapfsäule befindet; meist befindet sich dort dann auch der Tankdeckel.

SCHLUSS MIT TANKSTELLEN-ROULETTE

Im Grunde weiß man ja schon alles. Irgendwie. Darum dient dieses Kapitel auch nur zur Auffrischung deines universalen Wissensschatzes, nicht zur Erweiterung. Mach dich gefasst auf ein paar haarsträubende Überlebenstipps, super geheimes Superagententraining, ultrahippe Stilberatung und eine feine Prise Origami for Life.

85
ZAHNPUTZ-POLITUR

Getrübte Autoscheinwerfer lassen sich mit Zahnpasta und einem weichen Tuch (am besten Mikrofaser) wieder aufbereiten.

Nach dem Polieren feucht abwischen und ein Scheinwerferschutzmittel auftragen.

Auf dem Autolack eingetrockneten Vogelkot kannst du galant entfernen, indem du die Flecken rund 15 Minuten mit nassem Zeitungspapier einweichst und sie anschließend mit einem weichen Tuch oder Schwamm abwischst.

Abschließend gut mit Wasser nachspülen, damit keine Säurereste des Vogelkots zurückbleiben und dem Lack schaden können.

86 DRAUF GESCHISSEN!

87
ORIGAMI-CRASHKURS: PAPIERFLIEGER

Jeder Mann sollte in der Lage sein, zumindest einen superduper Papierflieger fachmännisch zu falten. Wie wäre es zum Beispiel mit diesem relativ einfachen Pfeilmodell, mit dem sich tolle Höhen und Weiten erreichen lassen?

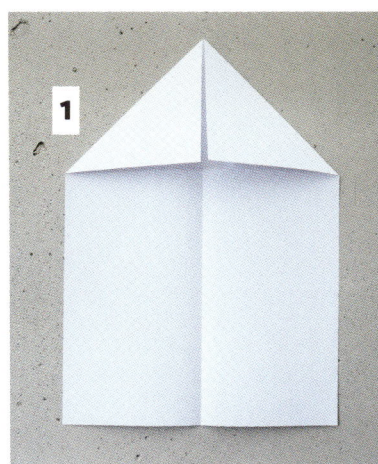

Nimm ein Blatt DIN-A4-Papier. Falte es der Länge nach mittig zusammen und wieder auseinander und anschließend die beiden oberen Ecken diagonal zur Mittellinie.

Falte die Spitze gerade nach unten, bis ca. 3 cm vor die Blattunterkante.

Falte die beiden oberen Ecken diagonal zur Mittellinie.

Falte das kleine untere Dreieck nach oben.

Falte das Modell entlang der Mittellinie hintenherum zusammen.

Falte die lange Kante des vorderen Flügels nach vorne auf die Unterkante des Rumpfes und die lange Kante des hinteren Flügels nach hinten auf die Unterkante des Rumpfes.
Richte die Flügel leicht nach oben zeigend auf. Fertig!

Den Rumpf mittig anfassen und schwungvoll abwerfen.

GRUNDWISSEN & FACHWISSEN 123

Diese sechs Knoten können dir in jeder Lebenslage nützlich sein – egal ob beim Klettern, Segeln, Gärtnern, Campen oder Slacklinen:

Wenn du diese Knoten beherrschst, hast du deinen Kletter- oder Segelschein quasi schon in der Tasche :-).

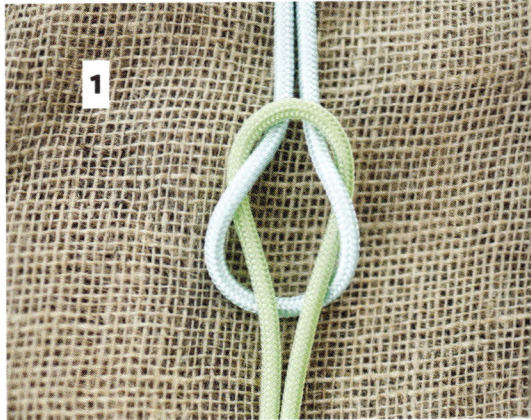

1. Kreuzknoten – zum Verbinden von zwei gleich dicken Seilen.

2. Schotstek – zum Verbinden von zwei ungleich dicken Seilen.

KLEINE KNOTENKUNDE

3. Palstek – zum Knüpfen einer festen Schlaufe, die sich nicht zuzieht. Universal verwendbar, bspw. beim Klettern oder zum Festmachen der Bootsleine an einem Pfahl.

4. Roringstek – zum Festmachen eines Seils an einem ringförmigen Gegenstand.

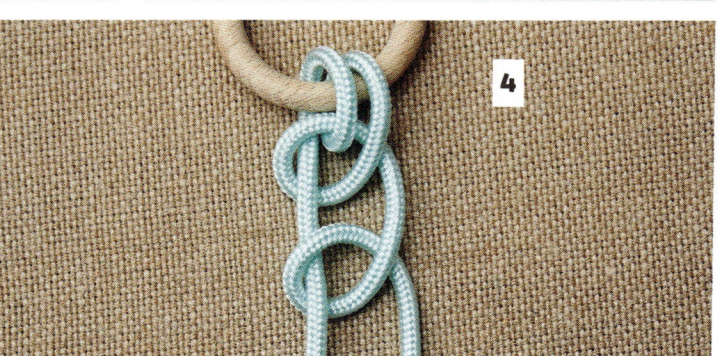

5. Webeleinenstek/Mastwurf – zum Festmachen eines Seils an einem beliebig geformten, nicht ringförmigen Gegenstand.

6. Prusikknoten – ein Klemmknoten, der sich bei Belastung zuzieht und bei Entlastung wieder lockert.

GRUNDWISSEN & FACHWISSEN

89
KABELBINDER-HOUDINI

Geheimagententraining Runde 1 – so befreist du deine Hände ohne Hilfsmittel aus einer Fesselung mit Einwegkabelbindern:

Hack 73 auf Seite 103 zeigt dir, wie du einen Kabelbinder mechanisch öffnen kannst.

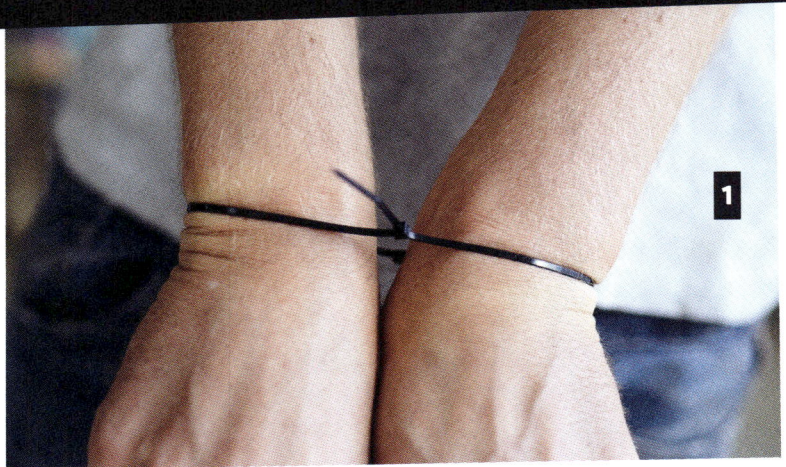

Präsentiere dem Bösewicht deine Handgelenke zum Fesseln nebeneinander und zur Faust geballt, mit den Handrücken nach oben zeigend.

Sobald du unbeobachtet bist, lockerst du die Hände, drehst die Handflächen zueinander und schlüpfst mit den Händen Stück für Stück raus. Zweifelsohne eine enge Sache, aber sofern du erstmal einen Daumen rausbekommen hast, bist du so gut wie am Ziel.

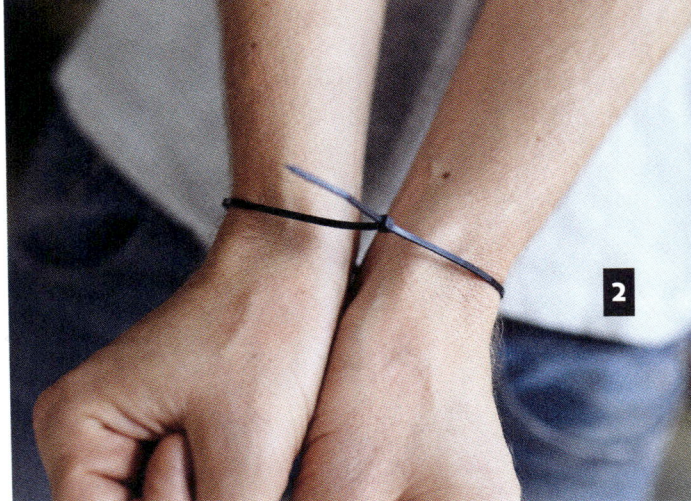

Wenn Methode 1 nicht klappt, zieh den Kabelbinder mit den Zähnen straff und richte den Verschlussmechanismus dabei zwischen deinen Händen nach oben aus.

Jetzt hebst du die Hände über den Kopf und lässt sie mit einem kräftigen Schwung nach unten zum Bauch schnellen, wobei du die Ellenbogen nach außen drückst und die Schulterblätter zusammenziehst. Mit dieser Arnold-Schwarzenegger-Technik sollte der Kabelbinder am Verschlussmechanismus „explodieren".

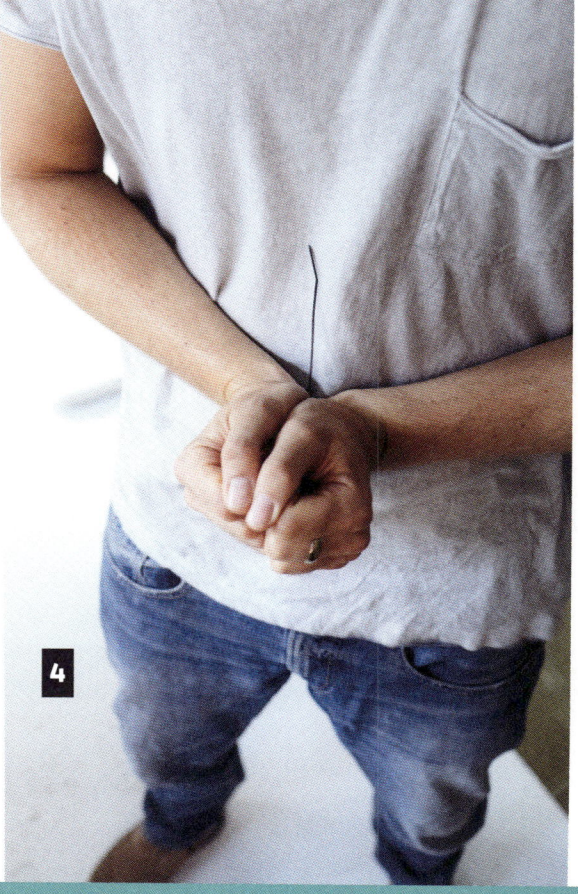

GRUNDWISSEN & FACHWISSEN

ZUR SEITE TRETEN BITTE!

Geheimagententraining Runde 2 – so trittst du eine Tür ein: Die Ferse deines Standbeins steht fest auf dem Boden. Mit der Ferse des anderen Beins trittst du neben, nicht auf das Schloss bzw. den Türgriff. Lehne dich mit deinem Oberkörper in den Tritt hinein, nicht nach hinten.

Schlechte, weil zu Verletzungen führende Ideen sind Sprungtritte oder das Einrammen der Tür mit der Schulter.

So lieb begegnet dir nicht jeder Hund

91 EINEN HUNDEANGRIFF ABWEHREN

So solltest du dich verhalten, wenn du auf einen aggressiven Hund triffst:

1. Stehen bleiben, Ruhe bewahren und den Hund beschwichtigen. Weder Angst noch Aggression zeigen. Am Hund vorbeischauen (keinen Augenkontakt herstellen!) und seitlich zu ihm gewandt stehen bleiben. Sobald er sich beruhigt hat und sich abwendet, kannst du mit ruhigen Bewegungen und weiterhin seitlich gewandt den Rückzug antreten.
2. Sofern der Hund Anstalten macht, dich anzugreifen, bring eine Art Puffer zwischen dich und den Hund, in den er sich verbeißen kann (z. B. einen Stock, einen Regenschirm oder eine Jacke). Den Gegenstand weiter festhalten und langsam rückwärts gehen.
3. Wenn der Hund wider Erwarten von deinem Puffer ablassen und dich direkt attackieren sollte, benutze deinen Puffer oder auch Sand oder Steine als Waffe. Dabei insbesondere auf die Augen und die Kehle zielen.
4. In absoluten Ausnahmefällen heißt es mitunter Mann gegen Hund: Achte auf einen festen Stand und biete dem Hund deinen Unterarm an, damit er nicht in den Bereich deines Kopfes gelangt. Mit dem freien Arm auf die Nase schlagen oder in die Augen stechen.

Lass deine Verletzung in jedem Fall von einem Arzt untersuchen und verständige ggf. die Polizei bzw. das örtliche Tierheim, um den Hund einzufangen.

GRUNDWISSEN & FACHWISSEN

92
EINEN HAIANGRIFF ABWEHREN

Gut zu wissen – so solltest du dich verhalten, wenn du beim Baden bzw. Tauchen einem Hai begegnest:
1. Ruhe bewahren und wilde Bewegungen vermeiden, um die Aufmerksamkeit des Hais nicht unnötig auf dich zu lenken.
2. Schwimme ruhig und ganz langsam davon, wende dem Hai nie den Rücken zu und verliere ihn nicht aus den Augen. Stell dich keinesfalls tot!
3. Sollte der Hai dich tatsächlich angreifen: wegschwimmen ist nutzlos, wehre dich stattdessen aggressiv und nach Leibeskräften, indem du ihm auf die Schnauze schlägst, in die Augen stichst oder an seinen Kiemenspalten reißt. Selbst wenn er dich gepackt hat, gib keinesfalls auf, sondern schlage und trete weiter wie wild um dich, bis der Hai schließlich von dir ablässt.

Wirklich gefährlich für den Menschen sind unter 400 Haiarten nur etwa ein Dutzend.

Die gute Nachricht vorneweg: moderne Fahrstühle haben derart verlässliche Sicherheitsmaßnahmen, dass du in deinem Leben wahrscheinlich eher einen Sechser im Lotto ergatterst, als auf einen Fahrstuhlabsturz reagieren zu müssen. Sollte es dennoch passieren, behalte Folgendes im Hinterkopf:
Leg dich flach auf den Rücken und strecke die Beine soweit wie möglich aus. Nimm einen Arm hinter den Kopf (als Puffer) und den anderen Arm vors Gesicht (um dich vor eventuell herabfallenden Gegenständen zu schützen). Unter keinen Umständen solltest du versuchen, im Moment des Aufpralls hochzuspringen oder mit angewinkelten Knien frei stehend zu verharren.

Drücke nach dem Aufprall den Notknopf und/oder trommle gegen die Tür und ruf nach Hilfe. Dem Fahrstuhl über die Deckenluke zu entkommen birgt unnötige Gefahren durch offenliegende Stromkabel und nachträglich herabstürzende Teile.

93
EINEN FAHRSTUHL-ABSTURZ ÜBERLEBEN

GRUNDWISSEN & FACHWISSEN

Das Flugzeug ist nach wie vor das sicherste Verkehrsmittel. Trotzdem schadet es nicht, ein paar Dinge für den höchst unwahrscheinlichen Fall der Fälle im Hinterkopf zu haben:

1. Die statistisch betrachtet besten Überlebenschancen hast du, wenn sich dein Sitzplatz am Gang und maximal fünf Sitzreihen vom nächsten Notausgang entfernt befindet.
3. Rund 80 % aller Flugzeugabstürze ereignen sich innerhalb der ersten drei bzw. innerhalb der letzten acht Minuten des Flugs. Während dieser Zeit also nicht schlafen, die Schuhe nicht ausziehen und den Sitzgurt straff geschlossen halten.
4. Auch wenn du es kaum glauben magst: Die auf dem Sicherheitsblatt gezeigten Körperhaltungen in Erwartung eines Flugunfalls erhöhen tatsächlich deine Überlebenschancen.
5. Verfalle bei einem Absturz nicht in Schockstarre – deine Überlebenschancen sinken rapide, wenn du es nicht binnen 90 Sekunden aus dem gecrashten Flieger schaffst. Also schnapp dir deine Kinder – sofern du welche hast – und dann raus!

94
EINEN FLUGZEUG-ABSTURZ ÜBERLEBEN

Damit du länger Freude an deinen teuren Rasierklingen hast, solltest du sie vor jeder Benutzung rund ein Dutzend Mal entgegen der Schnittrichtung über eine Jeanshose reiben, um eventuelle Rückstände zu lösen.

Und nach jeder Rasur: Den Klingenkopf ordentlich ausspülen, ausklopfen und den Rasierer hochkant lagern, damit die Klingen schneller trocknen können.

95
RASIERKLINGEN WARTEN

Falls dein Bart zu deinem Leidwesen weniger voll ist oder freie Stellen aufweist:
1. Häufiges Rasieren macht deinen Bart weder stärker noch dichter. Auch „Kurbehandlungen" oder aufgetragene Haushaltsmittel kannst du dir sparen.
2. Deine einzige Option: Wachsen lassen! Mindestens 4–8 Wochen. Manche Barthaare wachsen langsamer als andere, daher zeigt sich die Fülle mitunter erst spät.
3. Unterstützend kannst du deine Ernährung optimieren (vitamin- und proteinreiche Kost, weniger Junk Food), Biotin-Tabletten als Nahrungsergänzungsmittel nehmen, Krafttraining betreiben (zum Ankurbeln der Testosteronproduktion) und auf ausreichend Schlaf und Entspannung achten.

Übrigens: Auch ein relativ schwacher Bartwuchs kann ungemein sexy wirken. Zudem lässt er dich jünger aussehen, was dich vielleicht in frühen Jahren noch wurmt, in späteren Jahren dafür umso mehr erfreuen wird.

VOLLER BART VORAUS!

97
VOLLES HAAR ZURÜCK!

Erstmal vorneweg: Aspekte wie das Tragen von Kopfbedeckungen, Kopfmassagen, Chlor- und Salzwasser, häufiges Schneiden, Fast Food, Zopftragen, Kämmen oder Bürsten haben keinen erwiesenen Einfluss auf Haarausfall. Betroffene des sogenannten erblich bedingten Haarausfalls ereilt ihr Schicksal mehr oder weniger unaufhaltsam. Was bleibt da noch zu tun?

1. Vergeude dein Geld nicht für vermeintliche Heilsbringer wie Koffein-Shampoos und Nahrungsergänzungsmittel. Keines dieser Mittel hilft!
2. Die einzigen Wirkstoffe, die nachweislich bei erblich bzw. hormonell bedingtem Haarausfall helfen bzw. vorbeugen können, sind Finasterid und das verschreibungspflichtige Menoxidil. Beide Stoffe können zum Teil starke Nebenwirkungen hervorrufen und eine Einnahme sollte in jedem Fall unter Konsultation eines Arztes gut abgewogen werden.
3. Der Erfolg einer Haartransplantation hängt wiederum sehr vom Geschick des ausführenden Arztes ab, kostet viel Geld und bleibt stets ein Risiko für Abstoßungsreaktionen und Entzündungen.

Abschließender Tenor: Die Resthaare auf drei Millimeter kürzen, ggf. einen hübschen Bart wachsen lassen (siehe linke Seite) und die Glatze mit Stolz tragen.

Den meisten Männern stehen schmucktechnisch nicht so viele Türen offen wie den Frauen. Im Bereich der Ringe lässt sich glücklicherweise einiges drehen.

1. Ringe am Mittelfinger werden vom Träger mitunter als störend empfunden. Für Statement-Ringe eignen sich insbesondere der Daumen und der kleine Finger. Bei Siegelringen sollte die Gravur fürs Gegenüber lesbar sein.
2. Je kleiner bzw. größer die Hände, desto kleiner bzw. größer sollten auch die Ringe sein. Und nein, hiermit ist nicht die offizielle Ringgröße gemeint, sondern die sichtbare Größe.
3. Achte bei mehreren Ringen auf Ausgewogenheit, sowohl was die Anzahl der Ringe als auch die Farben und Größen betrifft.
4. Achte darauf, dass die Ringe farblich und stilistisch passend zu deinem Outfit und anderen Accessoires wie z. B. deiner Armbanduhr sind.

Trage deine Ringe mit Selbstvertrauen und sei dir über die Message im Klaren, die du mit ihnen und den Fingern, an denen du sie trägst, aussendest!

RINGE TRAGEN – EIN STILGUIDE

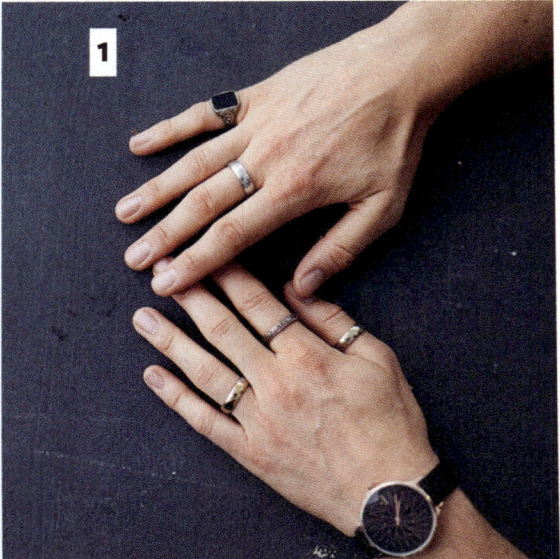

Der seit geraumer Zeit anhaltende Boom an Pflegeprodukten für Männer macht auch vor Gesichtsmasken nicht Halt! Bei fettiger und zu Pickeln neigender Haut kann diese selbstgemachte Schlammmaske helfen – Wellnessmoment inklusive: Vermische einen großen Esslöffel Heilerde (z. B. in der Apotheke oder im Drogeriemarkt erhältlich) mit etwas Wasser und ggf. noch ein paar Tropfen Teebaumöl zu einer zähen, streichbaren Paste. Die Paste aufs vorgereinigte, nicht eingecremte Gesicht auftragen (Augen- und Mundpartien aussparen) und rund eine Viertelstunde einwirken lassen.

Sollte es wider Erwarten zu Hautirritationen kommen, die Maske umgehend abnehmen.

99
DAS PHANTOM DER WELLNESS-OASE

GRUNDWISSEN & FACHWISSEN

100 KRAWATTEN TRAGEN – EIN STIL-GUIDE

Krawatten sind je nach Outfit elegant oder cool, vorausgesetzt, du beachtest ein paar Dinge:

Auf Seite 296 findest du eine Schritt-für-Schritt-Anleitung für einen einfachen Krawattenknoten.

1

1. Die Krawatte hat die richtige Länge, wenn ihre Spitze die Oberkante deines Gürtels touchiert.

2. Je breiter bzw. schmaler die Kragenöffnung deines Hemdes ist, desto breiter bzw. schmaler sollte auch der gewählte Krawattenknoten sein. So eignet sich für eine schmale Öffnung bspw. der Four-in-Hand, für eine halbbreite Öffnung der halbe Windsor und für eine breite Öffnung der Windsor.

3. Als breiterer Typ Mann solltest du zu einer breiteren Krawatte greifen; als schmaler Mann eher zu einer schmaleren.

4. Kleine Faustregel für das Muster der Krawatte: es muss imposanter wirken als das deines Hemdes.

101 ÄRMEL HOCHKREMPELN

Hochgekrempelte Ärmel sehen modern und gut aus. Unterschiedliche Arten des Hochkrempelns geben dir unterschiedliche Möglichkeiten der Selbstdarstellung. Hier drei Kurzanleitungen für ein ordentliches Erscheinungsbild:

Die sogenannte AIFA-Methode legt ein Drittel deines Unterarms frei, was nach der (an die Proportionslehre des Goldenen Schnitts angelehnten) Drittel-Regel ästhetisch überzeugt.

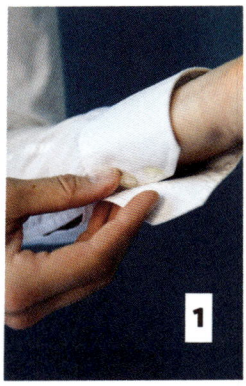

Die Manschettenknöpfe öffnen.

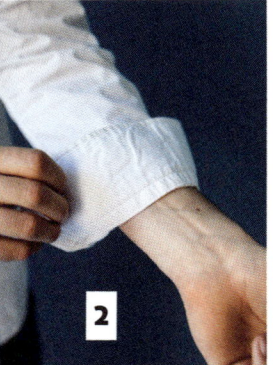

Die Manschette einmal umschlagen.

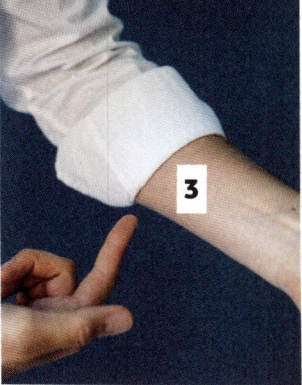

Die Manschette ein zweites Mal umschlagen.

Die High Roller Methode bietet sich vor allem bei informelleren Shirts an und wird häufig von echten Kerlen mit Unterarm-Tattoos und großem Bizeps angewendet.

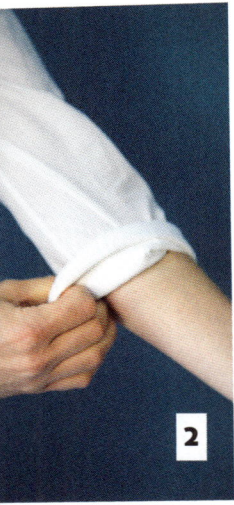

Die Manschettenknöpfe öffnen.

Die Manschette vier Mal umschlagen, …

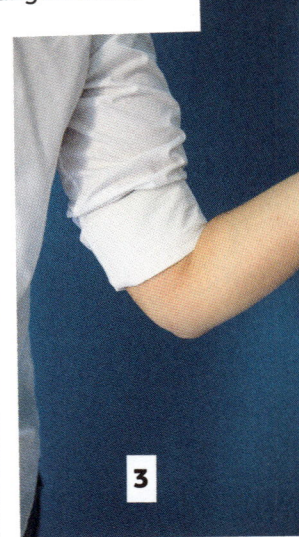

… bis der Ärmel über dem Ellenbogengelenk sitzt.

Die Master-Sleeve-Methode bietet eine natürliche Bewegungsfreiheit der Arme und wird von vielen Fashionistas bevorzugt – insbesondere dann, wenn die Innenseite der Manschette in farblichem Kontrast zum Ärmel steht.

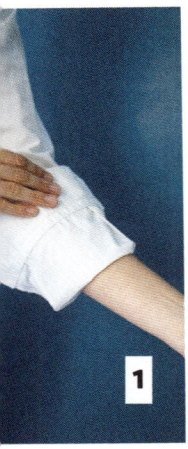

Die Manschettenknöpfe öffnen, die Manschette einmal umschlagen …
… und bis zur Armbeuge hochziehen, ohne dass der untere Ärmelbereich knittert.

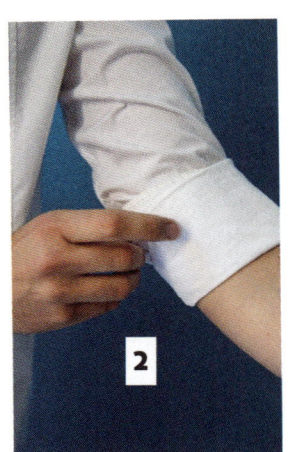

Jetzt den unteren Ärmelbereich über die Manschette schlagen und glätten.

GRUNDWISSEN & FACHWISSEN

NOTIZEN

AHA!

Hier noch ein paar wissenswerte Hacks in Sachen Süßkram-Handling: Vor dem Öffnen einer frisch zubereiteten Tüte Mikrowellenpopcorn kannst du die ungepoppten Kerne durch den schmalen Tütenschlitz ausschütten. Und bei einer Getränkedose kann dir die über die Trinköffnung gedrehte Metalllasche als Halterung für Strohhalme dienen.

MODEL KABEL
bekennen

102
USB-SOMMELIER

Geschenkidee-Alarm: Schnitze mit einem Cutter vorsichtig eine Aussparung in einen Wein- oder Sektkorken und drücke einen kleinen USB-Stick hinein – fertig ist der USB-Korken. Wenn der Stick zu locker sitzt, musst du ihn ggf. einkleben.

Männer lieben Technik. Die meisten zumindest. Warum das so ist? Weiß der Geier. Mit hoher Wahrscheinlichkeit dürfte allerdings eines der nachfolgenden Schlagwörter deinen technophilen Nerdfaktor-Puls in die Höhe treiben: Lötkolben, Modelleisenbahn, ferngesteuertes Auto, Drohne, 3D-Drucker, Robotik, Smart-Irgendwas. Eigentlich verwunderlich, dass keiner dieser Begriffe im vorliegenden Kapitel noch ein zweites Mal auftaucht. Und mindestens ebenso verwunderlich, dass das Kapitel trotzdem prall gefüllt ist ...

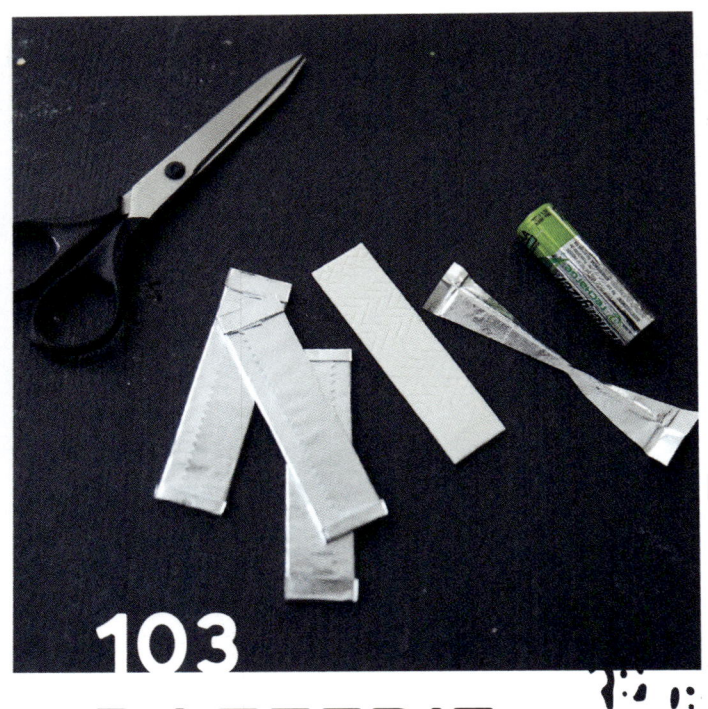

103
BATTERIE-FEUERZEUG

Wusstest du schon, dass du mithilfe einer Batterie und einem Kaugummipapier ein kleines Flämmchen erzeugen kannst? So geht's:

1. Schneide ein silbernes Kaugummipapier sanduhrförmig zurecht, sodass der Mittelteil nur ca. 2–3 mm schmal ist.
2. Klemme die breiten Enden des Papiers mit der silbernen Seite auf die Kontakte einer möglichst vollen AA-Batterie.
3. Spürst du die Wärme in den Fingerspitzen? Alsbald wird das Papier an der schmalen Stelle unter kurzem Aufflammen durchschmoren.

Um mit dieser Methode Feuer zu machen, könntest du bspw. einen Wattebausch an das Flämmchen halten.

Akku platt, aber kaum Zeit zum Aufladen? Ein ausgeschaltetes Handy lädt am schnellsten. Wem das Ausschalten psychische Probleme und akute Entzugserscheinungen bereitet, der aktiviert zumindest den Flugmodus.

Hier noch ein paar Tipps, um es gar nicht erst so weit kommen zu lassen: Bildschirmhelligkeit runterregeln, keine Blitzlichtfotos, keine GPS- und Ortungsdienste, Bildschirm-Timeout verringern.

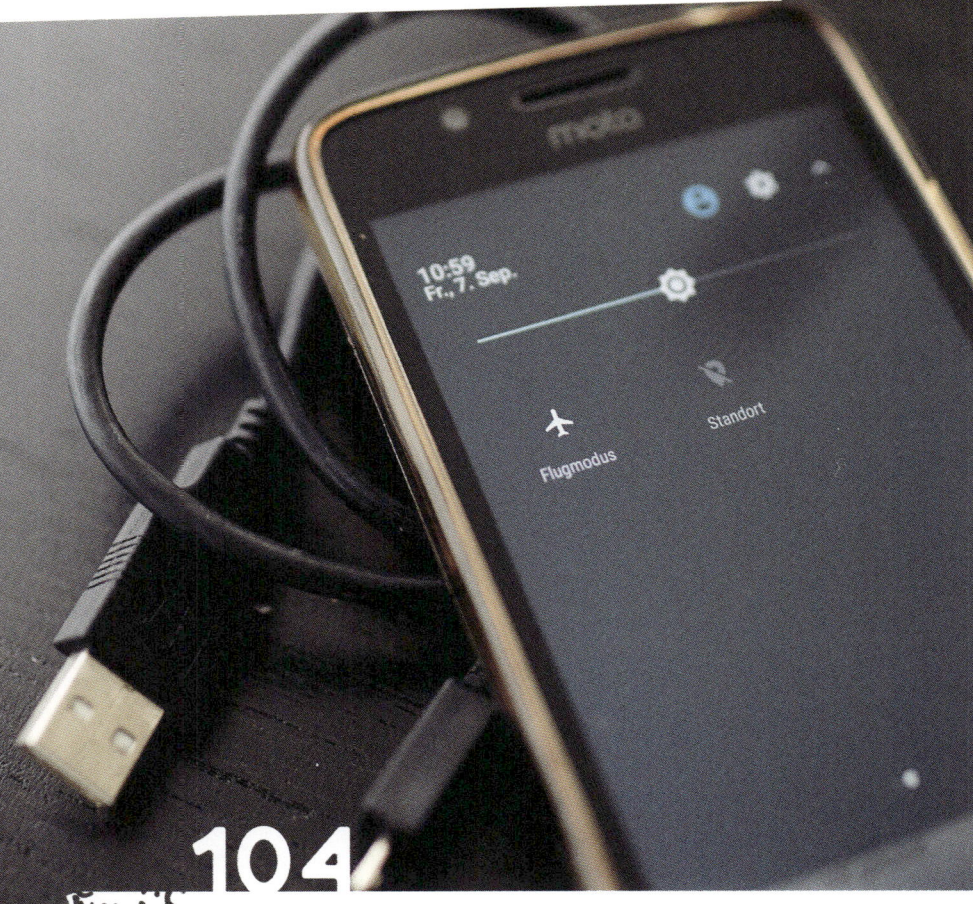

104
BLITZAUFLADUNG

105
AA-TOUCHPEN

Tiefer Winter. Eiseskälte. Und der blöde Touchscreen reagiert nicht auf deine behandschuhten Finger? Verwende eine Batterie als Touchpen!

Wie du mit einer Batterie ein Feuer entfachen kannst, erfährst du auf Seite 148.

Wandhalterungen für Tablets können mitunter ziemlich teuer und aufwendig in der Montage sein. Die schnelle und günstige Lösung: drei selbstklebende Wandhaken! Selbstverständlich müssen die Klebestreifen auf der Wand gut und sicher haften.
Das Tablet seitlich in die Halterung einschieben.

Achte beim Kauf der Haken auf eine ausreichende Belastbarkeit.

106
TABLET, TABLET AN DER WAND...

107
NETFLIX REVEALED

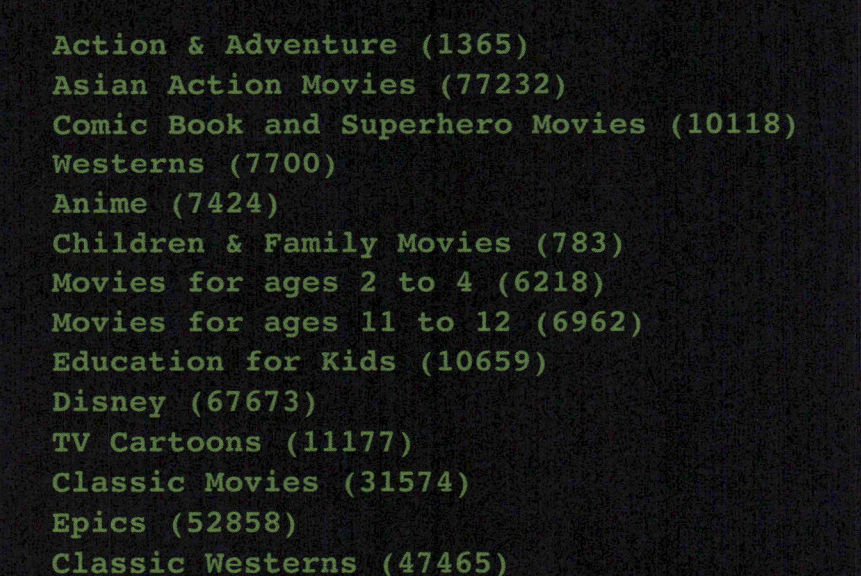

```
Action & Adventure (1365)
Asian Action Movies (77232)
Comic Book and Superhero Movies (10118)
Westerns (7700)
Anime (7424)
Children & Family Movies (783)
Movies for ages 2 to 4 (6218)
Movies for ages 11 to 12 (6962)
Education for Kids (10659)
Disney (67673)
TV Cartoons (11177)
Classic Movies (31574)
Epics (52858)
Classic Westerns (47465)
```

Hin und wieder lohnt es sich, dem Netflix Algorithmus, der für die dir vorgeschlagenen Filme und Serien verantwortlich ist, ein Schnippchen zu schlagen. Die volle Vielfalt verbirgt sich in sogenannten Genre-Ordnern, die jeweils über eine bestimmte Zahl codiert sind. Das Genre „Dark Comedies" bspw. trägt die Nummer 869. Tippst du in deinem Browser die URL www.netflix.com/browse/genre/869 ein, so ploppen auf einen Schlag sämtliche Schwarzen Komödien auf – nicht nur eine personalisierte Auswahl.

Übrigens: Um einzelne Filme und Serien aus deiner „Kürzlich angesehen"-Liste zu löschen, klickst du auf der Netflix-Seite oben rechts auf deinen Benutzernamen, dann auf „Konto" und unter „Mein Profil" auf „Titelverlauf". Hier lassen sich rechterhand einzelne Videos aus der Liste entfernen.

Historical Documentaries (5349)
Sports Dramas (7243)
Period Pieces (12123)

Scandinavian Movies (9292)
Foreign Horror Movies (8654)
Vampire Horror Movies (75804)
Independent Movies (7077)
Experimental Movies (11079)
Independent Action & Adventure (11804)
Romantic Independent Movies (9916)
Independent Comedies (4195)
Rock & Pop Concerts (3278)
Musicals (13335)
Quirky Romance (36103)
Steamy Romantic Movies (35800)
Cult Sci-Fi & Fantasy (4734)
Fantasy Movies (9744)
Sports Dramas (7243)
Martial Arts, Boxing & Wrestling (6695)
Sports & Fitness (9327)
Independent Thrillers (3269)
Psychological Thrillers (5505)
Mysteries (9994)
TV Shows (83)
Crime TV Shows (26146)
Food & Travel TV (72436)
Kids TV (27346)
Miniseries (4814)
Science & Nature TV (52780)
TV Documentaries (10105)
Reality TV (9833)

108 COOLES KUPFER

Wenn dein Laptop regelmäßig überhitzt, wirst du um eine Reinigung oder gar einen Austausch des Lüfters kaum herumkommen. Für den Moment zumindest kannst du ihn aber mit stapelweise Kupfermünzen oberhalb der Tastatur ausstatten. Die Münzen nehmen die Wärme auf und kühlen das Gerät dadurch schneller ab.

Den heißen Laptop nicht komplett auf dem Schoß oder der Arbeitsplatte ablegen, damit genügend Luft an die warmen Stellen kommt.

Um herauszufinden, ob eine Batterie voll oder leer ist, lässt du sie einfach auf den Boden fallen. Volle Batterien bleiben stumpf liegen, während leere Batterien leicht hüpfen.

Warum das so ist? Mit zunehmender Entleerung härtet die gelartige Füllung im Inneren der Batterie aus – und lässt sie beim Aufprall federn.

109 BATTERIETESTER

Du kennst es – Spotify, das digitale Tor zur Welt der Musik. Hier ein paar Tricks, mit denen du dein Nutzererlebnis individuell optimieren kannst.

1. **Die Profi-Suche**
   Nicht selten entgleiten einem die Namen von Bands, Alben und Songs. Wie gut, dass du ein Meister der Suche bist! Durch das Eintippen vorangestellter Attribute wie artist:, album:, track: oder genre: grenzt du die Suche ein. Auch die Suche nach einem bestimmten Jahr (bspw. year:1980) oder einer Zeitspanne (bspw. year: 1980-1985) ist möglich. Die Filter lassen sich durch das Wörtchen and kombinieren, während not: zur Einschränkung dient. Kleines Beispiel gefällig? Mit year: 1960-1970 and genre:rock not: Elvis Presley kannst du nach Rock 'n' Roll-Musik aus den 60ern suchen, ohne dass dir der King of Rock 'n' Roll allgegenwärtig entgegenspringt…

2. **Sound-Einstellungen anpassen**
   Hören wie Gott in Frankreich: Die Klangeinstellungen der App bieten rund zwei Dutzend Voreinstellungen wie bspw. „Elektronik" oder „Heavy". Darüber hinaus lassen sich auch die Frequenzbereiche gezielt steuern.

3. **DJ du!**
   Keine lahmen Pausen mehr zwischen den Songs! Mit der Crossfade-Funktion unter Einstellungen/Wiedergabe bringst du jede Party zum Kochen.

MAXIMALES MUSIKVERGNÜGEN

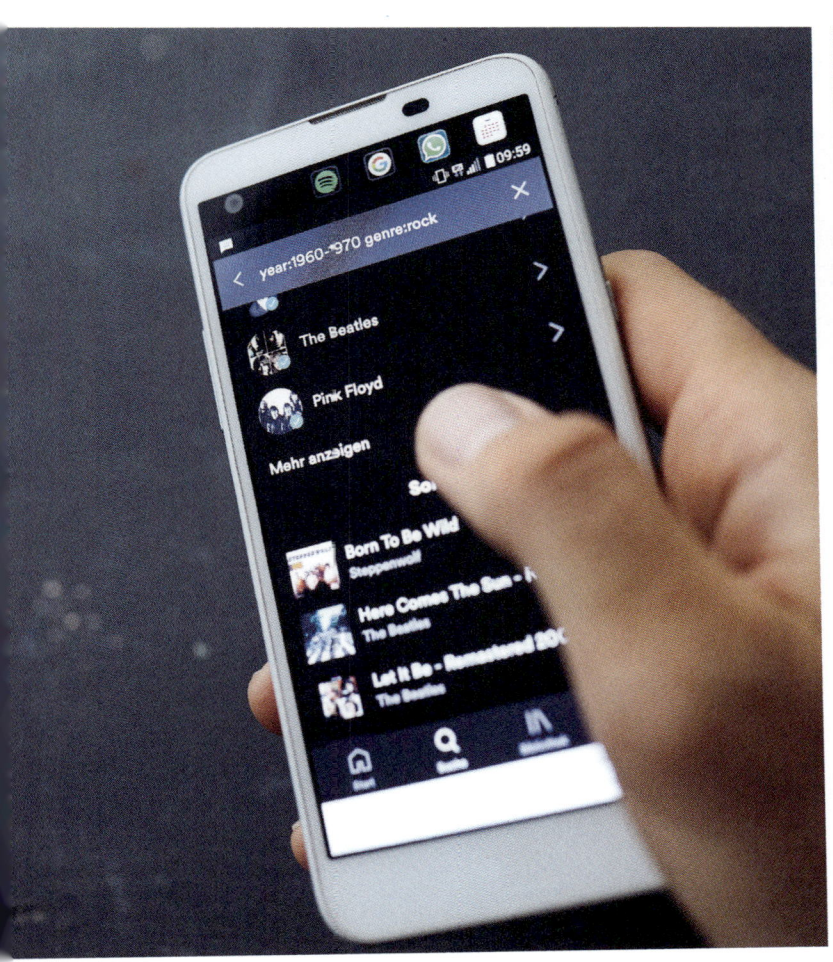

4. Karaoke du!
Mit der Text-Funktion in der rechten unteren Ecke wird dein Laptop mit nur einem Mausklick zur super-duper Karaoke-Maschine.

5. Playlist wiederherstellen
Du hast eine deiner heißgeliebten Playlists aus Versehen gelöscht? Halb so wild, log dich auf der Webseite ein und klicke oben auf der Seite auf Wiederhergestellte Playlists. Gerade nochmal gut gegangen.

KABEL BEKENNEN

111
SCHWARZ-LICHT-HANDY

Ein unterhaltsamer Hack für die Taschenlampenfunktion deines Handys: Klebe einen kleinen Streifen transparentes Klebeband über die Lichtquelle und bemale ihn mit blauem Marker. Darüber kommt ein zweites Klebeband, wieder blau bemalt. Zum Abschluss noch ein drittes Klebeband, dieses Mal rot bemalt. Jetzt ab in einen dunklen Raum, Taschenlampenfunktion an, Schwarzlicht genießen...

Mit dieser behelfsmäßigen Lösung leuchten Fluoreszenzflächen im Dunkeln zwar nicht so hell auf wie bei Ultraviolettstrahlung, aber ein nettes Gimmick ist der Hack allemal.

Bei vielen In-Ear-Kopfhörern verabschieden sich die Ohr-Aufsätze nach kurzer Zeit leider auf Nimmerwiedersehen. Und ohne sie ist der Tragekomfort blöderweise gleich Null. Wenn dir das ständige Nachkaufen zu teuer oder aufwendig ist, probier's stattdessen mal mit Ohrstöpseln: einfach mit einer Nagelschere die Spitze abschneiden, längsseitig ein kleines Loch durchpieksen und auf den Kopfhörer stecken.

Laut statt leise: Deine neuen Ear Tips!

112
LAUTSTARKE OHRSTÖPSEL

113
DISPLAY-POLITUR

Leichte, oberflächliche Kratzer auf dem Handydisplay kannst du mit Backpulver entfernen: verrühre einen Teelöffel davon mit einem halben Teelöffel Wasser zu einer gleichmäßigen Paste. Trage die Paste tröpfchenweise auf das Display auf und poliere es in kreisenden Bewegungen mit einem sauberen weichen Tuch. Abschließend mit einem zweiten, feuchten Tuch reinigen und mit einem Brillen- oder Mikrofasertuch auf Hochglanz polieren.

Sicherheitshalber zunächst auf kleiner Fläche testen!

Die digitalen Fotofilter lassen uns und unsere Welt in makellosem Licht und prachtvoller Schönheit erstrahlen. Keine Einwände, aber wie wäre es zur Abwechslung mal mit einer analogen Spielerei, die sich sehen lassen kann? Lege dein Handy in einen Gleitverschlussbeutel und rücke dem Beutel im Bereich der Fotolinse mit bunten Markern zu Leibe. Viel Spaß beim Experimentieren!

Zum Wechseln zwischen den verschiedenen Filtern einfach das Handy im Beutel verschieben.

114 ANALOGE FOTOFILTER

115
HANDYS EINTÜTEN

Wenn du am Strand oder an sonstigen telefon-unwirtlichen Orten partout nicht auf dein neues Super-Phone verzichten willst, solltest du es zumindest in einem Gleit- bzw. Druckverschlussbeutel vor den unbändigen Naturgewalten schützen. Die Touchscreen-Funktion wird durch die Kunststoff-Zwischenlage nicht beeinträchtigt.

Achtung: Von einem Härtetest in der Dusche wird eindringlich abgeraten!

Die größte Schwachstelle graziler Ladekabel ist der Übergang vom Kabel zum Stecker. Lebensverlängernde Maßnahme: Eine schützende Kugelschreiberfeder, die du auf das Kabel drehst.

Auch nicht verkehrt: Klebeband statt Kugelschreiberfeder.

116 FEDERND GELAGERT

KABEL BEKENNEN

117
DOSENSTECHEN MAL ANDERS

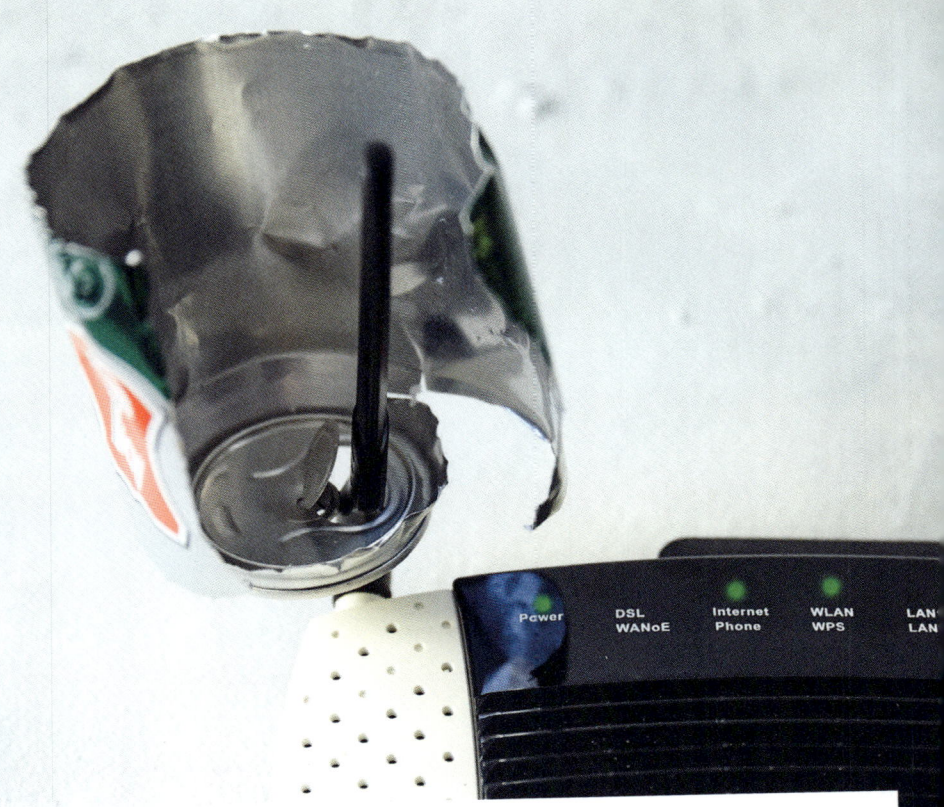

Schlechter W-LAN Empfang in den eigenen vier Wänden? Wie wär's mit einem Bierdosen-Signalverstärker?! Die leere und ausgespülte Dose auf den OP-Tisch legen, den oberen Bereich mit einem Cutter abtrennen, dann den Mittelbereich einmal längs bis nach unten einschneiden und am Endpunkt zu beiden Seiten quer einschneiden. Abschließend ein Loch in den Boden, fertig!

Die „Flügel" leicht aufklappen, den Signalverstärker auf die Router-Antenne setzen und so ausrichten, dass die Öffnung dorthin zeigt, wo das W-LAN schwächelt.

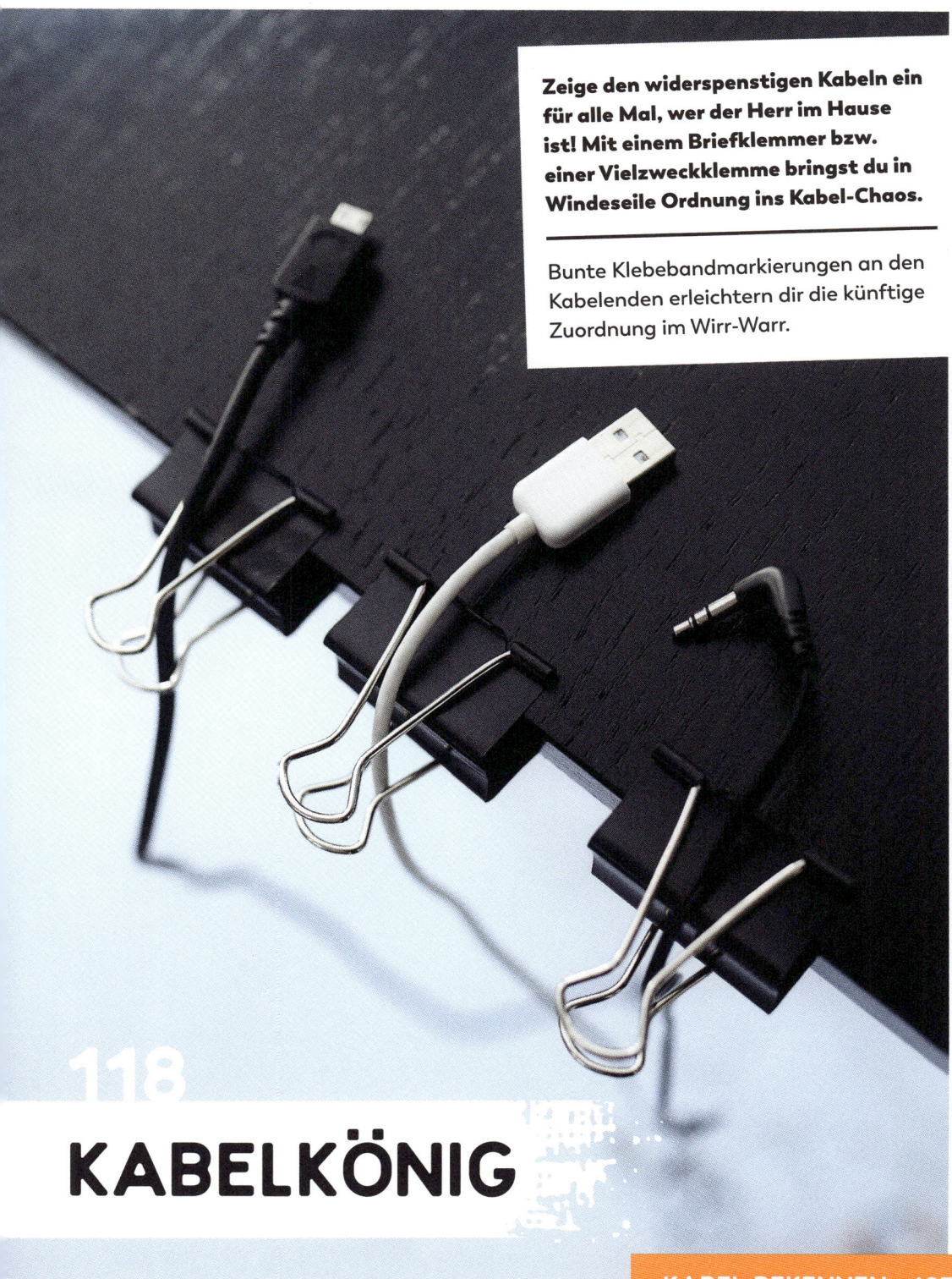

Zeige den widerspenstigen Kabeln ein für alle Mal, wer der Herr im Hause ist! Mit einem Briefklemmer bzw. einer Vielzweckklemme bringst du in Windeseile Ordnung ins Kabel-Chaos.

Bunte Klebebandmarkierungen an den Kabelenden erleichtern dir die künftige Zuordnung im Wirr-Warr.

118
KABELKÖNIG

119
LAPTOP-HOODY

So wird dein Kapuzenpulli zur Laptoptasche:

Den Pullover flach ausbreiten und den Laptop im Brustbereich platzieren.

Den unteren Teil des Pullovers nach oben schlagen ...

Praktischerweise hast du so immer noch einen Pulli parat, falls es mal wieder später/kühler werden sollte.

3

... und den Laptop ringsum in den Stoff hüllen.

Die Kapuze um die unteren Ecken des Laptops schlagen ...

... und die Enden der raushängenden Kapuzenschnur fest um den Laptop verknoten.

4

5

Als Tragegurt einfach die Ärmel an den Enden mit einem Doppelknoten fixieren.

Fertig!

6

KABEL BEKENNEN

NOTIZEN

AHA!

Hier noch die Hausaufgaben fürs Wochenende:

1. Klebe Magneten unter deinen Couchtisch und die Fernbedienung, damit du die Fernbedienung a) nicht ständig verlegst, sie b) immer griffbereit hast und der Couchtisch c) immer hübsch aufgeräumt aussieht.
2. Organisiere dir einen großen Eierkarton in Plattenform und benutze ihn als luftiges Untergestell für deinen regelmäßig heißlaufenden Laptop.
3. Und nicht vergessen: Strg + Z mag zwar eine unschlagbare Kombo am Rechner sein, aber im wahren Leben nützt sie dir leider nichts...

Schaffens-KRAFT

Kaffeesatz ist eine ökologische und hautschonende Alternative zu Kernseife. Die Hände einmal kräftig damit abreiben, abspülen, fertig! Hilft bei fettigen und öligen bzw. sonstwie verschmutzten Händen.

120 KAFFEE-KLATSCH

Bauen, machen, werkeln, frickeln. Sägen, hämmern, bohren, schleifen, pinseln. Schwitzen. Staunen. Freuen. Im Grunde ist damit bereits alles gesagt. Der Form halber könnte man noch erwähnen, dass der ambitionierte Heimwerker und der versierte Handwerker Brüder im Geiste sind und spätestens nach Feierabend entweder in der Kneipe zusammenfinden oder dieses Kapitel eingehend studieren sollten.

121 UNSÄGLICH GUT

Rostige Sägen bleiben gerne stecken und können einem damit ganz schön die Laune verderben. Wenn du das Sägeblatt mit Kerzenwachs einreibst, geht es wieder wie geschmiert!

Das Einreiben mit Kerzenwachs hilft auch bei schwergängigen Nägeln.

Damit dir bei Deckenbohrungen kein lästiger Staub ins Gesicht und in die Bohrmaschine rieselt, stülpst du einen halbierten Tennisball über den Bohrer – fertig ist der flotte Staubfänger.

Alternativ zum Tennisball tut's auch ein gekürzter Pappbecher.

122
TENNISBALL TRIFFT SCHLAGBOHRER

Ein transparenter Gartenschlauch, an beiden Enden offen und mit Wasser gefüllt, ergibt eine adaptierbare Wasserwaage für kurze und lange Entfernungen, die sogar um die Ecke oder zur gegenüber liegenden Wand geführt werden kann!

Austarieren leicht gemacht: Die Wasserstandslinie ist – der Physik sei dank – immer an beiden Enden gleich hoch.

123
SCHLAUCHWAAGE

Bevor dein alter Globus noch weiter auf dem Dachboden verstaubt, hauch ihm neues Leben ein, indem du in jede der beiden Halbkugeln ein Leuchtenpendel einsetzt und sie als Lampenschirm benutzt. Netter Zusatzeffekt: bei vielen Globen wechselt das physische Kartenbild im beleuchteten Zustand ins politische Kartenbild bzw. andersrum.

Bei neueren Globen mit LED-Beleuchtung lässt sich die Kugel mitunter nicht mehr so einfach aufschrauben. Hier bleibt nur der mühsame Weg des Aufsägens und Nachschleifens.

124
DAS LICHT DER WELT ERBLICKEN...

125
SCHRAUBENDREHER MIT ANZIEHUNGS-KRAFT

Das Schrauben an schwer erreichbaren Stellen erfordert viel Geschick. Schraubendreher mit magnetischer Spitze erleichtern die Sache. Solltest du noch nicht im Besitz eines solchen Helferleins sein, kannst du einen herkömmlichen Schraubendreher auch selbst magnetisieren: Ziehe die Spitze einfach einige Male über einen Magneten – fertig! Zum Entmagnetisieren ziehst du die Spitze erneut über den Magneten, allerdings in entgegengesetzter Richtung.

Plan B: Die Schraube mit einem kleinen Stückchen Klebeband am Schraubendreher fixieren.

Befestige ein Seil (Durchmesser ca. 10 mm) sicher an der Decke und fädle wie hier gezeigt ein paar Pressfitting T-Stücke (Innendurchmesser 18 mm) aus dem Baumarkt auf. Am unteren Seilende befestigst du kurz oberhalb des Bodens ein Gewicht von rund einem halben Kilo (bspw. eine kleine Hantel, einen Hammerkopf, ein PET-Fläschchen oder dergleichen). Durch die Zugkraft des Gewichts bleiben die T-Stücke wie von Zauberhand in Position und du kannst bequem deine Klamotten daran aufhängen.

Mit einem Handgriff lassen sich die T-Stücke jederzeit entlang des Seils an die gewünschte Position schieben.

126
SEILGARDEROBE

127
LEITERREGAL

Du bist im Besitz einer beidseitig begehbaren Leiter? Prima, denn bevor du sie irgendwo im Keller parkst, kannst du sie als flexibles Regalsystem zweckentfremden: Einfach ein paar Bretter bzw. Regalböden zwischen die Stufen legen und fertig.

Macht sich besonders gut beim Einzug. Und beim ewig jung gebliebenen Studenten :-).

Ein Gang zum Baumarkt befreit den Geist und öffnet mitunter die Augen für neue Möglichkeiten. Wie wäre es zum Beispiel mit einem Kerzenständer aus Kupferrohrabschnitten, die du zusammen mit Winkel- und T-Stücken im Baukastenprinzip zum individuellen Meisterwerk erwachsen lässt? Auch nett als minimalistischer Adventskranz.

Achtung: Die Rohre müssen fest ineinander verkeilt sein, sodass die T-Stücke mit den brennenden Kerzen nicht umkippen!

128 DIY-KERZEN-STÄNDER

SCHAFFENSKRAFT

129
AXTREIN!

Ein Handbeil, das du einmal kräftig und entschlossen in eine Holzwand oder Holzzarge rammst, wird zum mobilen Kleiderhaken. Der Begriff des Brutalismus als Architekturstil der Moderne bekommt dadurch eine gänzlich neue Facette. Wenn du das Holz weiß anstreichst, sieht es so aus, als würde das Beil direkt in der Wand stecken.

Achtung: Schlage das Beil tief genug und längs der Maserung ein, belaste es nicht zu stark und kontrolliere fortwährend seinen Sitz. Ein herunterfallendes Beil kann zu ernsthaften Verletzungen führen! Von Kindern fernhalten.

Mit einem alten Bilderrahmen, den du auf ein kleines Holzregal schraubst oder leimst, bringst du neuen Schwung in Sachen Interior Design ins traute Heim.

Egal ob Gewürzregal, CD-Regal oder Bücherregal – je pompöser der Rahmen, desto besser!

130
IM RAHMEN DES MÖGLICHEN

Festsitzende Schrauben, bei denen sich mitunter schon der Schraubkopf ausleiert, sind ein Graus! Profi-Tipp: Rück der Schraube mit zwei ineinander gesteckten Bithaltern zu Leibe! Dadurch wird das Drehmoment verbessert und sture Schrauben haben keine Chance mehr.

131 BITTE ZWEI BITS!

132 SCHRAUB-SPIEL

Mit etwas Geduld und Fantasie lassen sich aus Schrauben und Muttern hochwertige Schachfiguren kreieren. Sofern der eigene Hobbykeller nicht genügend Material hergibt, reicht ein kurzer Gang in den Baumarkt bzw. Schraubenfachhandel.

Zum Bemalen empfiehlt sich Sprühfarbe. Hartgesottene greifen zum schwarzen Permanentmarker.

133
UNDERCOVER BÜCHERREGAL

Ein Bücherstapel, der scheinbar ohne Hilfsmittel und wie von Geisterhand an der Wand hängt! So einfach geht's:

Achte darauf, einen wirklich massiven Winkel zu verwenden, ihn gut festzuschrauben und ihn nicht zu stark zu belasten.

Schraube einen massiven Lochplattenwinkel an die Wand.

1

Opfere ein altes Buch und klebe den unteren Buchrücken mit (starkem) doppelseitigem Klebeband unter dem Winkel fest; der Rest des Buches liegt oben auf dem Winkel auf.

2

Auf diese Konstruktion kannst du weitere Bücher legen.

3

SCHAFFENSKRAFT

134
LANGE LINIE

Hier ein kleiner Tischlerkniff, um lange Linien parallel zur Kante deines Werkstücks anzuzeichnen. Klappe die ersten beiden Glieder deines Zollstocks so auf, dass du von oben betrachtet eine spiegelverkehrte 4 in den Händen hältst. Die unaufgeklappten Glieder dienen dir als Anschlag, den du an der Werkstückkante entlangführst, während du mit dem Bleistift an der Spitze des Glieds die Linie ziehst.

Der Abstand deiner Linie zur Werkstückkante lässt sich bequem über die Maßskala des Zollstocks bestimmen.

Ein aussortiertes Dominospiel verleiht dieser Wanduhr spielerische Klasse.

Dominosteine, Würfel oder Spielkarten – alles ist möglich ...

135
ZEIT ZUM SPIELEN

136
MESSERSCHARF

Einmal kurz das falsche Material geschnitten, schon ist die Klinge des Cuttermessers stumpf... Egal, denn die Unterseite einer Kaffeetasse eignet sich perfekt als Schleifstein: Ziehe die Klinge ein paar Mal über die unlasierte Standfläche – fertig.

Wie du eine stumpfe Schere wieder schärfen kannst, erfährst du auf Seite 111.

Je kleiner der Nagel, desto größer die Gefahr, dass beim Hämmern auch deine Finger etwas abbekommen. Glücklicherweise gibt es gleich mehrere Lösungsansätze: Du kannst die Nägel mit einer Spitzzange oder einer Wäscheklammer festhalten oder den Nagel vorher durch einen Streifen Pappe stecken. Letzteres kann besonders dann hilfreich sein, wenn du viele Nägel in gleichem Abstand einschlagen willst – eine pappbasierte Nagelschablone sozusagen.

Auch noch möglich: Den Nagel mit einer kleinen Haarklemme festhalten.

137
DEN NAGEL AUF DEN KOPF TREFFEN

SCHAFFENSKRAFT

Eine vollflächig mit Tafellack bemalte Wand bietet deinem künstlerischen wie minimalistischen Alter Ego jede Menge Raum zur Entfaltung. Der hier gezeigte Weihnachtsbaum ist da nur der Anfang... Tafellack gibt es übrigens nicht nur in Schwarz oder Grün, sondern bspw. auch in Blau, Türkis, Rot und Pink.

Damit die Fläche anfangs nicht so arg steril aussieht, solltest du sie einmal kräftig einkreiden und mit einem Handtuch abreiben. Oh ja, wirkt gleich viel weicher ...

138
TAFELWAND

Diese rustikale Hausnummer kann sich sehen lassen! Große Nägel in großen Mengen sind überraschend günstig. Das Einschlagen geht schneller als erwartet. Und meditativ ist es allemal. Also: worauf wartest du noch?

Kleiner Tipp am Rande: Gestalte dir deine Nummer vorab in Form und Größe am Rechner und schneide dir aus dem Ausdruck eine Negativschablone zurecht. So kannst du sicher sein, dass kein Nagel daneben geht.

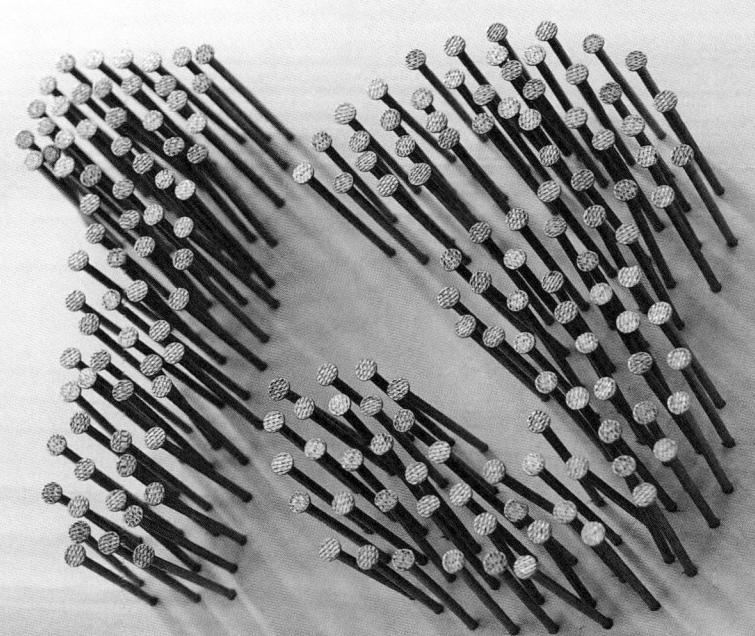

139
HAMMER-
NUMMER

140 SCHLÜSSELBRETT

Mit LEGO®-Platten und -Steinen lassen sich nicht nur exzellente Planungstafeln zaubern, sondern auch individuelle Schlüsselbretter und dazu passende Schlüsselanhänger.

Um das Feststecken und Abziehen der Anhänger zu erleichtern, solltest du die Grundplatte (über ein rückwärtig angebrachtes Holzbrett oder ähnliches) leicht von der Wand absetzen.

Sofern du deine Malerarbeiten nicht in einem Schwung erledigst, kannst du die Farbrollen und Pinsel luftdicht in Klarsichtfolie oder eine Plastiktüte einwickeln. So trocknet die Farbe bis zur nächsten Session nicht ein und das lästige Auswaschen kannst du dir bis zum Schluss aufheben.

Gänzlich faule Malerburschen kleiden auch ihre Farbwanne mit Folie aus, um sie später nicht auswaschen zu müssen.

141 PINSELPAUSE

NOTIZEN

AHA!

Oft sind es die kleinen Kniffe, mit denen sich der findige Handwerker die Arbeit erleichtert. Der Klassiker schlechthin ist natürlich der Bleistift hinterm Ohr. Des Weiteren: Ein mit Heißkleber unter dem Hammergriff befestigter Magnet ermöglicht ein immer griffbereites Nagel- bzw. Bitdepot. Und eine angebrochene Silikonkartusche lässt sich mit einer in die Spitze gedrehten Schraube abdichten.

ADAM & Eva

142 FERTIG IST DER LACK

Du so: „Schatz, wir sind spät dran!" Darauf sie so: „Ja gleich, der Nagellack muss bloß noch trocknen." Darauf du so: ein Schälchen mit kaltem Wasser hingestellt und die Finger hineingehalten.
Kaltes Wasser beschleunigt den Trocknungsvorgang – und Pünktlichkeit ist eine Tugend.

Sie liebt mich, sie liebt mich nicht. Sie liebt mich, sie liebt mich nicht. Sie liebt mich! Was wäre die Welt doch für ein seltsamer Ort ohne die Kraft der Liebe. Machen wir uns nichts vor: Männlein und Weiblein gehören zusammen. Genauso wie Männlein und Männlein, Weiblein und Weiblein, Männleinweiblein und Männleinweiblein etc. pp. In diesem Kapitel spielen wir es klassisch und widmen uns der Liebe von den zarten Anfängen über die stürmische Leidenschaft hin zur gepflegten Partnerschaft. Peace and Love!

Ein Fluchen dringt aus dem Ankleidezimmer, weil der Dame des Hauses ständig die Trägeroberteile von den Bügeln rutschen? In Gentleman-Manier zückst du die Heißklebepistole und bereitest der Sache ein Ende.

Wo du schon mal dabei bist: weitere Heißklebe-Hacks finden sich auf den Seiten 110 und 206.

143
ANTI-RUTSCH-KLEIDERBÜGEL

Selbst in Zeiten von Tinder & Co. dient das erste Date nach wie vor dazu, den jeweils anderen kennenzulernen. Hier ein paar Basistipps für deine Planung: Damit ihr euch frei und ungestört unterhalten könnt, meide Kinobesuche, Konzerte, Theatervorstellungen, laute Bars oder Restaurants. Damit kein unnötiger Erwartungsdruck entsteht, sollte das Treffen finanziell erschwinglich sein. Und damit ausreichend Spielraum für direkten Augenkontakt bleibt, solltest du auch Eislaufen, Wandern oder Radfahren von der Liste streichen. Was bleibt da noch? Auf die innere Stimme hören und sich nicht verbiegen! Du bist gerne in der Natur? Super, dann pack die Picknick-Sachen ein und los geht's. Auch einem Museumsbesuch, einem Barbesuch oder einer wie auch immer gearteten, ausgefalleneren Idee steht nichts im Wege.

Raum für Spontanität ist natürlich ein großes Plus. Und ein eingestreuter, ungezwungener Spaziergang inklusive einer Kugel Eis sollte helfen, das Eis zu brechen. Dr. Love hat gesprochen.

144
DAS OMINÖSE ERSTE DATE

145
LAST-MINUTE-GESCHENK

Solltest du vor lauter Alltagsstress tatsächlich einmal in die blöde Situation kommen, den Geburtstag deiner Holden zu vergessen, kannst du a) auf dem Heimweg noch rasch ein paar Schnittblumen bei der Tanke abstauben und anschließend einpacken oder b) aus der Not eine Tugend machen und geschenkemäßig durchstarten.

Falls dich Option B eher anspricht: wie wäre es zum Beispiel mit einem handylosen Tag, den du (oder ihr gemeinsam) komplett nach den Wünschen der Dame gestaltest? Los geht's mit Frühstück ans Bett, gefolgt von einem Gang über den Flohmarkt und einem mittäglichen Kinobesuch mit anschließendem Essen beim Koreaner. Dann gemeinsames Ausfüllen eines Lottoscheins und Wahrnehmen eines Massagetermins und/oder einer Tanzstunde, bevor es gegen Abend ab ins Konzert, Theater, Musical oder Ballett geht.

Allerdings solltest du auch ein derart tolles Geschenk besser niemals mit leeren Händen überreichen! Je nachdem, was Zeit und Ort zulassen, backe einen Kuchen oder pflücke ein paar Blümchen oder treibe zumindest eine Flasche Wein auf …

Parfum ist eine wunderbare Sache. Allerdings solltest du ein paar Dinge beherzigen, damit dein Auftritt nicht floppt: Weniger ist mehr, also lieber nur einen Spritzer anstatt fünf! Sprühe das Parfum nach dem Duschen und abtrocknen auf ein bis zwei Stellen deines Körpers (bspw. auf die Innenseite der Handgelenke, die Innenseite des Ellenbogens, den Hals, den Nacken, die Schultern oder die Brust) – nicht auf die Kleidung. Durch eine Duftwolke zu spazieren ist Verschwendung. Viel Spaß!

Wusstest du, dass man im Grunde erst ab einer Duftölkonzentration von 15 % von Parfum spricht? Während der Duft eines hochwertigen Extrait Parfums mit ca. 15–30 % Duftölanteil ca. 8 Stunden anhält, ist bspw. der des Eau de Toilettes mit ca. 5–10 % wesentlich flüchtiger.

146 RICHTIG PARFUM TRAGEN

147
ANTI-RUTSCH-HAUSSTRÜMPFE

Den Kuschelsocken deiner Liebsten kannst du mit der Heißklebepistole ein praktisches Anti-Rutsch-Profil verpassen. Ein Küsschen zur Belohnung ist dir gewiss!

Kreative Profilvorschläge: Smiley, Herz, Bärentatze… Tob dich aus!

Dich nervt das ewige Beschlagen des Badezimmerspiegels nach einer warmen Dusche? Dann solltest du a) zum Kaltduscher werden oder b) den Spiegel einmal ordentlich mit Rasierschaum abwischen. Rasierschaum ist ein streifenfreier Reiniger und eine verlässliche Vorbeugemaßnahme gegen Beschlagen.

Eine weitere Anwendungsmöglichkeit für Rasierschaum findest du auf Seite 276.

148
FREIE SICHT

Früher oder später schleicht sich der Alltag leider auch ins Beziehungsleben ein. Umso wichtiger, dass ihr regelmäßig dafür sorgt, aus der Routine auszubrechen, indem ihr beispielsweise außergewöhnlich kocht, euch für eine Nacht in einem Hotel um die Ecke einmietet oder neue Läden und Orte auskundschaftet. Bei Paaren mit Kindern können regelmäßige Date-Abende oder -Tage für eine (Paar- statt Eltern-)Routine außerhalb der Routine sorgen.

Und wo bleibt der Hack dabei? Im Grunde gibt es gibt keinen. Doch das Leben zu leben und sich dabei das kleine Glück zu bewahren, diese Aufgabe ist wohl einer der Lifehacks schlechthin.

149
RAFFINIERT ROUTINIERT

Valentinstag – alles nur eine Erfindung der Konsumindustrie?! Mag ja stimmen, sofern du berechenbarerweise zur Pralinenschachtel inklusive XXL-Blumenstrauß greifst. Etwas diffiziler gestaltet sich die Sache, wenn du deine Zuneigung und Wertschätzung mit einem Frühstück ausdrückst, dass von A bis Z im Zeichen der Liebe steht: Milchkaffee mit Herzmuster im Schaum, herzförmig ausgeschnittene Crêpes mit herzförmig ausgeschnittenen Kiwis oder Erdbeeren und Sprühsahne.

Eine derart geballte Herzpower dürfte dir zumindest ein liebevolles Lächeln einbringen.

150
VOLLES HERZ VORAUS

ADAM & EVA

151
LIEBESKUGELN MAL ANDERS

Natron und Speisestärke in einem Schälchen verrühren.

ZUTATEN FÜR 1 MUFFINGROSSE KUGEL:
120 G NATRON
60 G SPEISESTÄRKE
60 G ZITRONENSÄURE
1 TL ÄTHERISCHES ÖL
(BSPW. ZITRONE, ZIMTBAUM, EUKALYPTUS ODER LAVENDEL)
1–2 TL KOKOSÖL
1–2 TL WASSER
LEBENSMITTELFARBE NACH BELIEBEN.

2

Kokosöl im Wasserbad oder in der Mikrowelle verflüssigen. Mit den übrigen Zutaten in einem zweiten Schälchen verrühren.

Überrasche deine Liebste mit selbst gemachten Badekugeln aus natürlichen Zutaten. Ein praktisches, persönliches und sinnliches Geschenk, von dem du idealerweise später gleich mit profitieren könntest.

Du kannst natürlich auch ganz alchimistisch mit verschiedenen Lebensmittelfarben und weiteren Zutaten wie bspw. getrockneten Lavendel-, Rosen- oder Kamillenblüten experimentieren.

Die Flüssigkeit des zweiten Schälchen langsam und löffelweise ins erste geben und gut miteinander verrühren, bis die Konsistenz leicht klebrig ist und an feuchten Sand erinnert.

Lebensmittelfarbe hinzugeben.

Die Masse in eine Ausstech-, Muffin-, Pralinen- oder Eiswürfelform geben und vor der Entnahme für rund 24 Stunden kühl und trocken lagern.

ADAM & EVA

152
SONNENBRILLEN-KNIGGE

Sonnenbrillen sind cool. Wahrscheinlich neigen viele Menschen deshalb mehr oder weniger bewusst dazu, sie in unpassenden Momenten ungeniert aufzubehalten.

Denn drinnen und in Gesellschaft anderer Menschen heißt es: Brille absetzen. Dabei kann sie in kurzweiligen Situationen (etwa beim Einkaufen) einfach die Stirn hochgeschoben werden.

In lockerer Runde (etwa beim Grillen) kann sie auch in den vorderen Kragenausschnitt gesteckt werden, beim romantischen Dinner keinesfalls. Generell empfiehlt es sich, sein Gegenüber zu fragen, ob es okay ist, die Brille aufzubehalten.

3

4

Und während auf Spaßfotos vom Junggesellen-Abschied sonnenbrillentechnisch quasi alles erlaubt ist, sollte die Brille auf den späteren Hochzeitsfotos eher nicht auftauchen.

Alles klar soweit?

Weitere Stil-No-Go's:
die Brille auf den Hinterkopf setzen (ganz egal wie checkerhaft es auf den ersten Blick erscheinen mag) oder sie in den hinteren Kragenausschnitt stecken.

153
SCHMUCK FÜR SIE

Schrauben als Schmuckelement für eine Halskette zu verwenden mag auf den ersten Blick etwas unpassend erscheinen. Aber hey, auf die Auswahl kommt es an: sofern die Schrauben schlicht und filigran sind, lassen sich teils wunderbare Ergebnisse erzielen, die das weibliche Herz höher schlagen lassen.

Dieses nette Schmuckstück umfasst zwei Flügelmuttern aus Messing.

154 SCHMUCK FÜR IHN

Das Grundprinzip ist dasselbe wie schon bei den Damenhalsketten, allerdings dürfen die Schraubenelemente für Männerhalsketten gerne auch etwas größer, schwerer und gröber sein.

Die hier gezeigte Kugelkette ist im Übrigen auch ein Produkt aus dem Baumarkt. Kostenpunkt nur rund zwei Eurc pro Meter.

ADAM & EVA

NOTIZEN

AHA!

Der Hafen der Ehe ist nah und du bist auf der Suche nach dem richtigen Trauring? Während sich Traditionalisten mit der Wahl eines Diamanten von Christie's oder Tiffany rumplagen, könntest du beispielsweise einen Goldschmiede-Workshop besuchen, in dem ihr gemeinsam eure Ringe entwerft und anfertigt. Plan B: Ihr lasst euch die „Ringe" bzw. das Symbol eurer Liebe am Ringfinger eintätowieren...

FUN TIME für Family & Friends

155
MONSTER-MARSHMALLOW

Gib ein Marshmallow rund 30 Sekunden lang bei 900 Watt in die Mikrowelle, um ein gigantisches Schaumzucker-Monster zu erschaffen! Die ohnehin schon großen Mega-Marshmallows kannst du mit dieser Methode auf Tellergröße anwachsen lassen!

Unsere Freizeit ist kostbar und will gut genutzt sein. Dieses Kapitel gibt vielschichtige Anregungen in Sachen Spiel und Spaß – für dich, deine Freunde und deine Familie. Vom Essenstisch zum Spieltisch zum Stammtisch. Eine Ode an Jux und Tollerei und eine Ode an das ewige Kind in uns!

156
POPCORN-HOODIE

Kapuzenpullis sind praktisch – besonders dann, wenn du sie umgedreht anziehst und die Kapuze als Snackreservoir während des nächsten Serienmarathons benutzt.

Topp erprobt, auch im Kino: kein blindes Herumtasten mehr, kein Hin- und Hergeschiebe der Tüte zwischen den Mitessern/Konkurrenten. Und was daneben landet, landet wieder in der Kapuze.

Rolle ein Blatt Papier zu einem schlanken „Fernrohr" zusammen. Schau mit einem Auge hindurch und halte deine freie Hand – neben dem Rohr – vor dein anderes Auge. Du kannst nun locker flockig durch ein Loch in deiner Hand die Umgebung auskundschaften!

Lektion 1 der großen Trick17-Piratenschule!

157 DER VOLLE DURCHBLICK

FUN TIME FÜR FAMILY & FRIENDS

Beim sogenannten Discgolf geht es darum, eine Frisbeescheibe vom Abwurfpunkt mit möglichst wenig Würfen in einen Korb zu befördern. In Golfermanier geht es dann von Korb zu Korb weiter, und wer für den gesamten Parcours am Ende die wenigsten Würfe benötigt hat, gewinnt. Für die Low-Tec-Variante dieser tollen Freizeitbeschäftigung benötigst du nichts weiter als eine Frisbeescheibe und einen großen Park bzw. offenes Gelände. Die Körbe ersetzt du schlicht und einfach durch Bäume, sprich ein Treffer gegen den Stamm und das Etappenziel ist erreicht. Stell dich für die kommenden Tage schonmal auf Muskelkater ein.

Solltest du nach ein paar Runden auf den Geschmack gekommen sein: Ähnlich wie beim richtigen Golf gibt es auch beim Discgolf verschiedene Frisbees für verschiedene Anforderungen in Punkto Flugweite und Flugkurven.

158
FRISBEE-GOLF

159 SCHUMMELN GEBOTEN!

Mau-Mau bzw. Uno sind Kartenspiele, die Kind und Kegel gemeinsam an den Spieltisch bringen. Um etwas mehr Pfeffer in die Sache zu bringen, empfiehlt sich folgender Regelhack: Schummeln ist ab sofort ausdrücklich erlaubt! Egal auf welche noch so abstruse Weise jemand eine oder mehrere seiner Handkarten verschwinden lässt oder falsch ausspielt – so lange er dabei (bis zur Ausführung des Spielzugs des nächsten Spielers) nicht erwischt wird, ist alles gut. Wird er jedoch erwischt, so muss er eine Strafkarten ziehen. Und wird er zu unrecht beschuldigt, muss der Denunziant eine Strafkarte ziehen.

Wohlmöglich können hier zur Abwechslung mal die Großen von den Kleinen noch etwas lernen ...

160
ZITRO MIO!

Befülle eine Schüssel mit Wasser und lass eine Zitrone darin schwimmen. Wer es schafft, eine 1-Euro-Münze so auf der Zitrone abzulegen, dass sie mindestens 5 Sekunden lang liegen bleibt, darf das Geld behalten. Keine leichte Aufgabe...

Taschengeldspielchen für unausgelastete Küchenchefs!

Schiffe versenken kennt man in der Regel nur als 2-Spieler-Spiel. Doch es gibt auch eine äußerst schmucke 1-Spieler-Variante in Form eines sogenannten Logikrätsels. Jetzt ist Köpfchen gefragt!
So geht's: Trage die abgebildete Flotte (4 Einer, 3 Zweier, 2 Dreier und 1 Vierer) so in das Diagramm ein, dass die Schiffe sich nicht berühren, auch nicht diagonal. Dabei dürfen die Schiffe um 90° gedreht werden. Die Zahlen am Rand geben an, wie viele Schiffsteile in der entsprechenden Zeile oder Spalte zu finden sind.

Auf den Geschmack gekommen? Das Rätselportal des Vereins Logic Masters Deutschland ist eine umfangreiche und großartige Rätselquelle: www.logic-masters.de/Raetselportal

161 SCHIFFE VERSENKEN

162
SUPER-SCHLEIM

Gib 75 ml lauwarmes Wasser in eine Schüssel und färbe es nach Belieben mit Lebensmittelfarbe ein. Nun rührst du ca. 150 g Speisestärke ein, bis eine schleimige Masse entsteht. Wenn du den Schleim drückst oder schlägst, ändert sich seine Viskosität und er wird „schlagartig" hart. Wahnsinn!

Mach die Probe aufs Exempel, indem du auf die Schleimoberfläche ein kleines Holzbrett legst und versuchst, einen Nagel hinein zu schlagen. Du wirst sehen: Das Brett wird nicht im Schleim versinken, der Nagel im Holz dagegen schon.

Um die müde Tischgesellschaft aus ihrer Lethargie zu reißen, balancierst du heute mal seelenruhig eine Tasse auf dem Tellerrand. Scherbenhaufen? Fehlanzeige.

Etwas Übung vor deinem großen Auftritt kann nicht schaden.

163 KÜCHENSCHRECK

164
STAPELTURM EXTREM

Das klassische Wackelturmspiel bekommt einen gänzlich neuen Twist, wenn du die Seiten einiger oder aller Bausteine mit unterschiedlichen Aufgaben beschriftest. Um einen Stein zu sichern, muss die entsprechende Aufgabe gelöst werden – und der Turm natürlich stehen bleiben. Nichts für schwache Nerven und Faultiere, ab sofort ist Bootcamp angesagt!

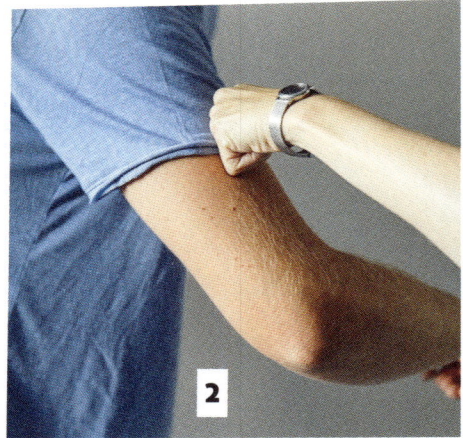

Mögliche Aufgaben:

1. 10/20/30 Liegestütze/Kniebeugen/Ausfallschritte
2. einen Pferdekuss kassieren
3. 20/30/40 mal hüpfen
4. eine Minute lang Hampelmann machen
5. zehn Sekunden lang kitzeln lassen
6. ein Kleidungsstück ablegen
7. diesen Stein nur mit der ungeübten Hand rausziehen

8. auf ex trinken
9. einmal den Entchen-Tanz aufführen
10. drei Ohrenschnipper kassieren
11. 30 Sekunden Luft anhalten
12. ein Barthaar rausreißen

13. ein Lied singen
14. einen Handstand machen
15. zehn Sekunden Umarmung
16. einen Purzelbaum schlagen

FUN TIME FÜR FAMILY & FRIENDS

165
MÄNNERABEND

So, und jetzt bitte alle Mann die Handys zücken und auf einen Haufen legen. Derjenige, dessen Frau oder Freundin sich zuerst meldet, bezahlt die Getränke.

Eine Aktion im Dienste der kollektiven Feldforschung in Sachen Kandare.

Drei gute Gründe, warum eine Packung Steckblumen herkömmlichen Pokerchips überlegen ist:

1. Wesentlich günstiger.
2. Wesentlich leichter – kein schweres Geschleppe des Pokerkoffers mehr.
3. Wenn die Runde mal wieder länger dauert, kannst du aus deinen Chips tolle Skulpturen bauen.

166 POKERCHIPS

FUN TIME FÜR FAMILY & FRIENDS

Aus Rommé-Spielkarten werden XL-Schachfiguren! Pik (Schwarz) und Herz (Weiß) treten gegeneinander an. König und Königin stellen sich selber dar, die Buben sind die Läufer, die 10er die Springer, die Asse die Türme und die Zahlen 2–5 in doppelter Ausführung die Bauern.

Das Spielfeld einfach auf ein großes Stück Geschenk-, Pack- oder Backpapier aufmalen.

167
SCHACHKARTEN

Babys können soo süß sein. Und soooo laut schreien... Es klingt zwar etwas abstrus, aber ein wahres Wundermittel zur Beruhigung sind Staubsauger- bzw. Föngeräusche. Manche Babys lieben beides, manche bevorzugen eher das eine oder das andere. Und das beste: Mittlerweile gibt es sogar schon die entsprechenden Geräusche-Apps für die lieben Kleinen.

Die warme Luft des Föns versprüht übrigens noch ein paar Extrapunkte auf der Wellness-Skala.

168
SILENCIO

FUN TIME FÜR FAMILY & FRIENDS

169
TOMATEN-PYRAMIDE

Die hölzerne Kugelpyramide ist ein Klassiker unter den Knobelspielen. Aus ein paar Cocktailtomaten und Zahnstochern kannst du sie dir im Handumdrehen selber bauen. Du benötigst zwei Viererreihen und vier Dreierreihen.

Wo du schon dabei bist: Findest du ggf. noch weitere Steckmöglichkeiten zum Bau der Pyramide?

Kleiner Tipp für die Hundstage: Mehrfachpackung Joghurt nehmen, jeweils einen Holzstab oder Plastiklöffel hineinstecken und ab damit ins Eisfach. Zur Belohnung für die Mühen erwartet dich ein paar Stunden später köstliches Joghurt-Eis.

Die etwas kultiviertere Instant-Methode: Einen Teil Joghurt oder Quark mit einem Teil tiefgefrorener Beeren mixen, nach Belieben süßen – fertig!

170 STILEIS IM BECHER

FUN TIME FÜR FAMILY & FRIENDS

171
KINDER TELLER

Kinder und gutes Essen sind mitunter schwer in Einklang zu bringen. Aber mit etwas Phantasie und Muße werden deine Kinderteller zum absoluten Renner. Kartoffelbrei und Soße bilden einen lavaspeienden Vulkan, Salatblätter oder Brokkoli ergeben Büsche und Bäume, und die Sonne besteht zur Abwechslung mal aus Karotte und Paprika.

Du wirst sehen, je mehr du dich mit der Materie beschäftigst, desto mehr werden die Kinder dich und deine Kreationen lieben!

172 MILCH-KUNST

Gieße Milch in einen Suppenteller und gib einige Tropfen flüssige (!) Lebensmittelfarbe in die Mitte. Wenn du jetzt an derselben Stelle ein mit Flüssigseife getränktes Wattestäbchen eintauchst, schießt die Farbe radial nach außen und es entstehen tolle Muster.
Frühstücksflocken-kompatibel: verzichte auf Seife und Wattestäbchen und durchstreife die Milch stattdessen behutsam mit dem Löffel.

Hast du Lebensmittelfarbe nur als Pulver oder Paste zur Hand, verdünne die Farbe mit Wasser. Sie hat die richtige Konsistenz, wenn sie auf der Milchoberfläche schwimmt.

FUN TIME FÜR FAMILY & FRIENDS

173
BALLONS ANSTACHELN

Versieh einen aufgeblasenen Luftballon mit einem Stück Klebeband – an dieser Stelle kannst du nun eine Stecknadel, einen Schaschlikspieß oder sogar eine Stricknadel hineinstechen, ohne dass der Ballon platzt. Mit etwas Geschick und einem weiteren Klebestreifen auf der gegenüberliegen Ballonseite lässt sich die Nadel sogar komplett hindurchstechen.

Auch top: Ein – insbesondere im Bereich der Spitze – mit Spülmittel eingeriebener Schaschlikspieß lässt sich behutsam und ohne Knalleffekt durch den etwas dunkleren, oberen Bereich eines qualitativ guten Ballons stechen.

Indem du mehr oder weniger alltägliche Aktivitäten an ungewohnte Schauplätze verlegst und/oder zu ungewohnten Zeiten abhältst, kannst du neue Erfahrungen sammeln und deinen Horizont erweitern. Soll heißen? Veranstalte ein Indoor-Picknick, verlagere dein Fitnesstraining in den Wald, feiere deinen Geburtstag im Sommer statt im Winter (oder anders herum), gehe Sonntag morgens statt Samstag abends zum Feiern in den Club, schmeiß eine Weihnachtsparty im Hochsommer...

Auch eine Erfahrung: Iss etwas, wovor du bisher immer zurückgeschreckt bist. Höre dir eine Stunde lang mal ganz andere Musik an. Oder lies ein Buch, das du normalerweise nicht aussuchen würdest.

174
DIE GRENZEN VON RAUM UND ZEIT SPRENGEN

FUN TIME FÜR FAMILY & FRIENDS

NOTIZEN

AHA!

Der gute alte Tischtennisball – bitte nicht gleich entsorgen! Wenn du ihn mit dem Fön erwärmst, wird er wieder beulenfrei und spielbar. Und wenn du ihn in den nach oben gerichteten Luftstrom des Föhns setzt, kannst du dich daran erfreuen, wie er auf magische Art und Weise in der Luft herumtänzelt. Zu guter Letzt: Zwei Tischtennisbälle lassen sich kurzerhand zu leichtgewichtigen Qi-Gong-Kugeln umfunktionieren.

IRON MAN

175
PROTEIN-POWER

Das beste Krafttraining nützt nur wenig, wenn dein Ernährungsplan nicht proteinreich genug ist. Sofern du keine Lust auf tierisches Eiweiß oder Eiweiß-Shakes hast, bieten auch Getreide und Hülsenfrüchte – allen Debatten über Low-Carb zum Trotz – ein sehr hochwertiges Eiweiß. Soll heißen: Linsen, Erbsen oder Bohnen, mitunter in Kombination mit Reis, sollten fortan regelmäßig auf deinem Teller landen. Mahlzeit!

Alle reden neuerdings vom aktiven Lebensstil als DAS Nonplusultra in Sachen aktiver Lebensstil. Recht haben sie! Pump dich glücklich, cardio dich glücklich – Sport hat viele Facetten und Gesichter. Neben den ernst gemeinten Tipps und Hacks findest du in diesem Kapitel auch ein paar öffentlichkeitswirksame Taschenspielertricks, um den starken Mann zu markieren.

Zeitschriften, Blogs und selbsternannte Fitnessgurus locken mit dem schnell antrainierten Waschbrettbauch. Träum weiter – oder trainiere hart, richtig hart: Achte darauf, den gesamten Bauchmuskelbereich anhand unterschiedlicher Übungen zu stählen und auch den Rücken als Gegenpol nicht zu vernachlässigen. Übungen gibt es in Hülle und Fülle: seitliches Rumpfheben, Beinschieber, seitliche Crunches, Hüftheben etc. Eine der effektivsten Übungen ist der sogenannte Käfer bzw. Criss-Cross:

1. Leg dich auf den Rücken, strecke die Beine gerade nach vorne aus und halte die Fingerspitzen locker am Hinterkopf.
2. Beim Ausatmen ziehst du dein linkes Knie zu dir ran, während du gleichzeitig die Schulterblätter vom Boden abhebst und deine rechte Brustpartie in Richtung des linken Knies führst. Dabei krümmst du den Oberkörper.
3. Beim anschließenden Einatmen senkst du deinen Oberkörper und das angezogene Bein wieder ab ...
4. ... und wiederholst dasselbe Spielchen mit dem anderen Bein und der anderen Brustpartie.
5. So geht es nun munter weiter, immer im Wechsel. 3 Sätze mit je 20–30 Wiederholungen.

Verschränke die Hände nicht im Nacken und führe die Übung langsam und kontrolliert aus.

DER TRAUM VOM WASCHBRETT

2

4

Ein einsamer und ausgedienter Strumpf – oben abgeschnitten und auf halber Länge nach innen gestülpt – ergibt eine monstermäßige Handyhalterung für den nächsten Fitnessstudio-Besuch.

Weniger originell, aber genauso möglich: Benutze dein Schweißband als Handyhalter.

177
STRUMPF IST TRUMPF

AUF DIE AUSFÜHRUNG ACHTEN

Die richtige Disziplin in Punkto Workout ist das eine, die korrekte Ausführung der einzelnen Übungen das andere. Hier ein paar Dos and Don'ts bekannter Standardübungen, um muskulären Problemen und Gelenkschmerzen vorzubeugen. Scheue dich nicht davor, deine Körperhaltung im Spiegel zu kontrollieren!

Squats/Kniebeugen

- Schulterbreiter Stand. Die Knie zeigen beim Beugen nicht nach innen, sondern gerade nach vorne bzw. leicht nach außen.

- Knie und Fußspitzen bilden beim Beugen eine Linie. Die Hacken bleiben fest auf dem Boden, die Knie nicht zu weit vorstrecken.

Lunges/Ausfallschritte

- In der Beuge steht das vordere Schienbein senkrecht, nicht schräg nach vorne bzw. hinten. Beide Beine sind im 90°-Winkel gebeugt.
- **Die Beine stehen nicht in einer Linie hintereinander, sondern schulterbreit versetzt.**

Crunches

- Das Kinn nicht auf die Brust legen, sondern gerade und von der Brust weghalten.
- Die Ellenbogen nicht nach vorne ziehen, sondern weit geöffnet halten und die Schultern nur leicht vom Boden abheben.

Plank

Der gesamte Körper bildet eine gerade Linie. Die Hüfte zeigt weder nach oben, noch hängt sie nach unten durch.
Den Blick nicht nach vorne, sondern auf den Boden gerichtet halten.

IRONMAN 251

179
SCHWER TRAGEN STATT SCHWER HEBEN

Bei Krafttraining denken die meisten von uns nur daran, möglichst schwere Lasten möglichst häufig hoch und runter zu bugsieren. Weit weniger Beachtung findet die Variante, schwere Lasten zu tragen. Zu unrecht, denn das Tragen beansprucht andere Muskeln und Bewegungsabläufe des Körpers. Es stärkt die Rumpfspannung, fördert eine gerade Körperhaltung und ist eine sinnvolle Trainingsergänzung zum monotonen Heben. Hier sind vier Arten, wie du mit deinen Hanteln gerne noch eine Extrarunde durchs Fitnessstudio drehen kannst. Wichtig dabei: Die Gewichte mit geradem Rücken und kleinen, schnellen Schritten tragen. Auf eine aufrechte Körperhaltung achten; Bauch anspannen, Brust raus, Kopf oben lassen.

ÜBUNG 1

1. Farmer's Walk
Hebe zwei gleich schwere Trainingsgewichte mit geradem Rücken an und trage sie mit kleinen, schnellen Schritten. Beginne mit 30 Sekunden und steigere dich von Training zu Training zu rund einer Minute.

2. Press Walk

Trage zwei gleich schwere Trainingsgewichte mit nach oben ausgestreckten Armen und kleinen, schnellen Schritten. Achtung: führe diese Übung keinesfalls bis zur vollen Verausgabung durch, damit du die Gewichte am Ende sicher wieder absetzen kannst.

ÜBUNG 2

ÜBUNG 3

3. Bear Hug Carry

Halte einen Sandsack bzw. ein geeignetes Gewicht fest umklammert vor deiner Brust, ohne dabei die Hände bzw. Finger ineinander zu verschränken.

4. Shoulder Carry

Bei dieser Übung hältst und trägst du den Sandsack bzw. das geeignete Gewicht auf einer Schulter und mit dem entsprechenden Arm fest umklammert. Und nicht vergessen, im Anschluss auch die zweite Schulter zu trainieren.

ÜBUNG 4

Ein spektakulärer Trick der Kategorie grenzenlose Körperkraft: Stelle dich aufrecht und breitbeinig hin, halte die Hände vor der Brust und die Ellenbogengelenke seitlich auf Schulterhöhe. Fordere nun zwei Freiwillige heraus, deine Arme seitlich auseinanderzuziehen, indem sie gleichzeitig jeweils an einem lose um deine Armbeuge gelegten Handtuch ziehen. Es wird ihnen nicht gelingen!

Wenn du dich sicher genug fühlst, kannst du dich der Aufgabe auch ruhigen Gewissens mit vier Personen (zwei pro Seite) stellen – deine Chancen stehen immer noch gut :-) !

180
EINER GEGEN ALLE

181
SAUBERMANN-TRETER

Unsaubere, ehemals helle Schuhsohlen erstrahlen durch das Abreiben mit einem Radiergummi wieder im alten Glanz.

Keinen Radiergummi zur Hand? Alternativen findest du auf Seite 110 und 308.

182
ROCKYS KLEINE HANTELBUDE

Klimmzüge gehen mitunter am Klettergerüst oder am Deckenbalken, Dips zwischen zwei Mauervorsprüngen oder am Stuhl.

Um fleißig zu trainieren braucht es nicht immer das vollausgestattete Fitnessstudio. Eigengewichtübungen wie bspw. Kniebeugen oder Liegestütze gehen ohnehin immer.

Selbstredend ist bei dieser Art von Training eine höhere Vorsicht und Sorgfalt geboten, um Verletzungen und sonstige Schäden zu vermeiden.

In Sachen freie Gewichte und Hanteltraining ist Kreativität gefragt: Alte Autoreifen, eine variabel befüllbare Getränkekiste, ein 6er-Pack 1,5 Liter-PET-Flaschen, ein wie auch immer gearteter Wasserkanister, eine volle Gießkanne, ein mit Sand gefüllter Jutesack, herumliegende Gesteinsbrocken, ein Sack Kartoffeln...
You name it.

183
GRIP PADS FÜR ALLE!

Ein unangenehmer Nebeneffekt von regelmäßigem Krafttraining ist die Hornhautbildung auf den Handinnenflächen. Aus einer flachen Schaumstoffmatte – die im Idealfall als Verpackungsmaterial bei dir aufschlägt – kannst du dir und deinen Pumper-Freunden ein paar schmucke Griffpolster zurechtschneiden.

Griffpolster beugen bei regelmäßigem Krafttraining unschöner Hornhautbildung vor.

Wenn der Schlüsselbund mal wieder beim Joggen nervt: Den Schlüsselring am Schnürsenkel sichern und die Schlüssel unter die Senkel stecken.

Weitere Jogging-Hacks findest du auf den Seiten 96 und 263.

184
SCHLÜSSEL-BONDAGE

Nicht zuletzt dank des Skateschuh-Booms in den 80er und 90er Jahren gibt es mittlerweile dutzende coole Möglichkeiten, sich die Schuhe zu schnüren. Wie wäre es beispielsweise mit dieser Variante hier?

1. Schnürsenkel mittig von unten nach oben durch die untersten Ösen fädeln.

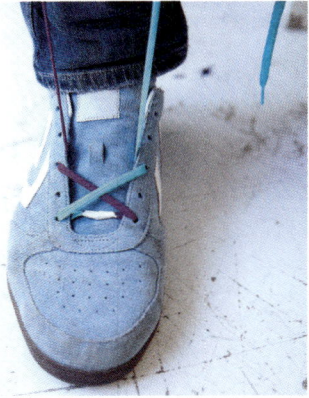

2. Von oben nach unten diagonal durch die übernächsten Ösen fädeln.

3. Erneut von oben nach unten diagonal durch die übernächsten Ösen fädeln.

LACEMASTER 2000

4. Eines der beiden losen Schnurenden von unten nach oben parallel durch die vorhergehende Öse fädeln ...

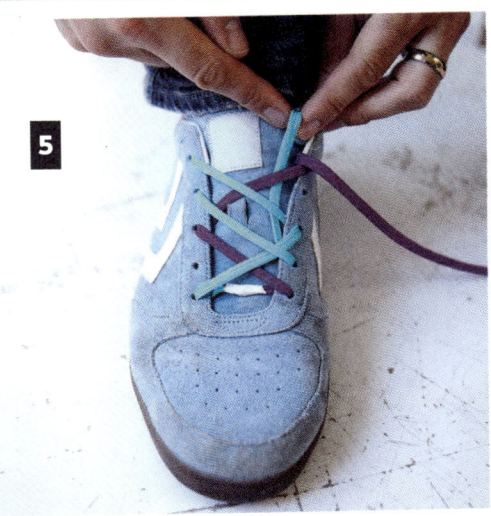

5. ... und dann von oben nach unten diagonal durch die übernächste Öse fädeln und seitlich neben der Zunge verstauen.

6. Jetzt die Schritte 4 und 5 mit dem anderen losen Ende wiederholen.

7. Abschließend beide Enden verdeckt hinter der Zunge verschnüren.

8. Fertig!

IRONMAN

Bevor du ein speckiges altes Kartenspiel sang- und klanglos in den Mülleimer beförderst, zeig lieber, was du drauf hast, und zerreiß es publikumswirksam in zwei Hälften! Zugegeben, der durchschnittliche Mann hat wohl kaum genügend Kraft dafür. Also behelfen wir uns mit einem kleinen Trick, indem wir die Karten vor dem eigentlichen Zerreißen noch „zerbrechen". Nimm den Stapel fest in beide Hände und biege ihn ein paar Mal vor und zurück, um die Karten entlang der Mitte zu knicken. Nun drehst du deine Hände mit aller Kraft gegenläufig und ggf. noch ein paar Mal hin und her, um den Stapel entlang der Knicklinie entzwei zu reißen.

Qualitativ hochwertige Karten werden dir alles abverlangen, darum ggf. mit einem 32er-Deck statt mit einem 52er-Deck starten. Und von Plastikkarten lieber komplett die Finger lassen.

AUSGESPIELT

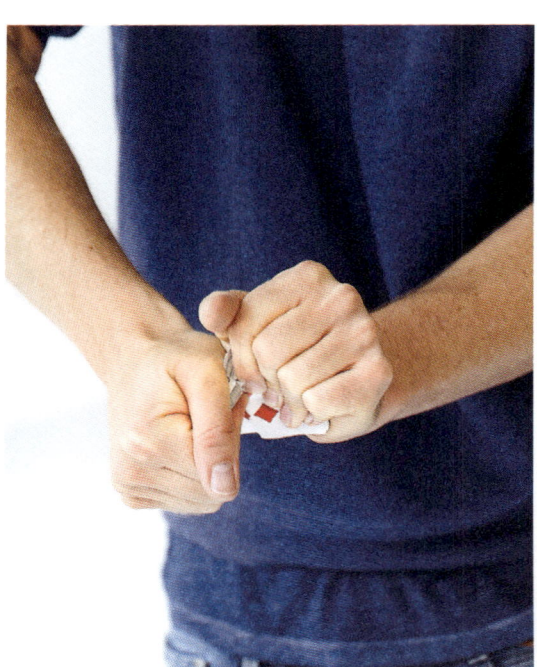

Doppelknoten in den Schnürsenkeln können sehr nützlich, aber auch nervtötend zu öffnen sein. Versuch's daher mal auf Trick17-Art: Wenn du nur kräftig genug an einem der beiden losen Enden ziehst, öffnet sich der Doppelknoten wie von Zauberhand.

Doch Achtung – das Ganze klappt nur mit einem der beiden losen Enden. Welches Ende es ist, das gilt es zunächst herauszufinden :-)

187
ENTFESSELUNGS-KÜNSTLER

KETTLEBELL? BABYBELL!

1. BABY KETTLEBALL SWING

Keine Zeit mehr, ständig müde, abends ans Sofa gefesselt: Viele junge Väter beklagen sich vehement über ihren mangelnden Fitnesszustand. Trick 17 empfiehlt, aus der Not eine Tugend zu machen! Hier kommen vier effektive Übungen, die Väter schwitzen und Kinder vor Freude jauchzen lassen.

Du wirst sehen: deine Arme werden nie wieder so gut trainiert sein wie in den ersten Jahren der Vaterschaft :-)!

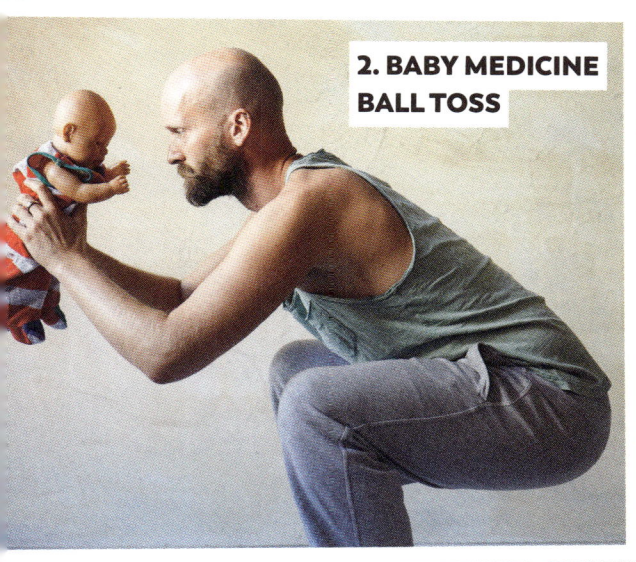

2. BABY MEDICINE BALL TOSS

3. BABY RUSHING TWISTS

4. BABY GOBLET SQUATS

189
BLASENPRÄVENTION

Beim Eintragen neuer Schuhe sind lästige Blasen an den Hacken leider eher die Regel als die Ausnahme. Mit einem breiten Streifen Klebe- bzw. Panzerband beugst du dem Problem vor!

Sollten die Socken ständig runterrutschen, reibe einfach etwas Lippenbalsam auf deine Hacken – nun sollten die Socken merklich besser haften und halten.

Mit Hartschaumkugeln bzw. -rollen – besser bekannt als Faszienkugeln bzw. Faszienrollen – kannst du dich wunderbar selbst massieren. Bei muskulären Verspannungen eine echte Wohltat! Anstelle der kostspieligen Orthopädieprodukte tut's allerdings auch eine herkömmliche Styroporkugel, die es für schmales Geld im Bastelgeschäft, Dekorationsbedarfsladen oder im Baumarkt gibt.

Zur Anwendung platzierst du die Kugel einfach zwischen Körper und Wand bzw. Körper und Boden und massierst die gewünschten Stellen über eine leichte Bewegung des Körpers. Im Internet finden sich etliche zielgerichtete Übungen.

190
FASZIENKUGEL OLÉ!

NOTIZEN

AHA!

Alle Väter aufgehorcht! Das Baby-Fitness-Programm auf den Seiten 264/265 war nur der Anfang. In den kommenden Jahren stehen auf dem parentalen Fitnessplaner unter anderem: Stundenlanges Rumtragen auf Armen oder Schultern sowie regelmäßiges Hochheben und Absetzen allerorten. Wem's infolgedessen mehr und mehr im Rücken zwickt, der kann in vielen Situationen zumindest das Hochheben und Absetzen umgehen, indem er ein Knie auf den Boden stellt und dem Kind den Oberschenkel des anderen, rechtwinklig aufgestellten Beins als „Trittleiter" anbietet. Alter ErzieherInnen-Kniff.

ONE MAN Show

Ob Pizza-, Nudel- oder Plätzchenteig: einfach spontan und weltmännisch mit einer Weinflasche ausrollen. Ggf. vorher das Etikett ablösen. Profimäßig...

191
GLÄSERNES NUDELHOLZ

Die Zeiten, in denen der Mann in Sachen Haushalt gänzlich unbewandert war, sind glücklicherweise längst passé. Was nicht heißt, dass seine Haushaltsführung strikt nach Schema F abläuft, wie dieses Kapitel beweist: Kuchenteig anrühren mit dem Akkuschrauber, Nudeln kochen mit der Kaffeemaschine, Fleisch anbraten im Toaster. Na dann, viel Erfolg!

192
KOCHTOPF-BÜGELN

Man mag von gebügelten Hemden halten was man will, doch hin und wieder kommt man nicht drum herum. Wer kein Bügeleisen besitzt oder wem das klassische Bügeln zu langweilig erscheint, der probiert es einfach mal mit einem Topf voll heißen Wassers. Je mehr Wasser im Topf ist, desto länger bleibt er warm – zu voll sollte er allerdings auch nicht sein, ansonsten droht ungewolltes Überschwappen. Nachhaltigkeits-Tipp: gleich noch einen Teebeutel mit ins Wasser geben bzw. das Wasser anderweitig zum Kochen verwenden.

Auf den Geschmack gekommen? Weitere Tipps zum Thema Bügeln findest du auf der Seite 287.

Wer auch ohne Kochmöglichkeit nicht auf die tägliche Extraportion Kohlenhydrate verzichten möchte, der funktioniert die Filterkaffeemaschine kurzerhand zum Kochtopf um. Lange Nudeln wie Spaghetti vorher durchbrechen, damit sie gleichmäßiger durchziehen können. Die längere Garzeit ist zu verkraften, denn hier zählt der Gag und vor allem das Ergebnis.

Wie du Kartoffeln schneller kochst, erfährst du auf Seite 277.

193
PASTA UND BASTA!

ONE-MAN-SHOW

Rasierschaum eignet sich wunderbar als handschmeichlerischer Seifenersatz: Einfach einreiben, abspülen, fertig!

Der Alleskönner Rasierschaum hilft übrigens auch gegen Flecken im Teppich.

194
SCHAUMSEIFE DELUXE

Pellkartoffeln im Kochtopf dauern rund 20 Minuten, Pellkartoffeln in der Mikrowelle gerade mal 4 Minuten! Gib die gesäuberten und in etwa gleich großen Kartoffeln in eine mikrowellengeeignete Schüssel, deren Boden dünn mit Wasser bedeckt ist. Deckel oder Teller drauf und ab damit in die Mikrowelle. Bei rund 800 Watt beträgt die Garzeit ca. 1 Minute pro 100 g Kartoffeln. Nach der Hälfte der Zeit die Kartoffeln einmal kurz wenden.

Alternativ zum Mikrowellengeschirr geht auch ein Gefrierbeutel, den du vorab mit einer Gabel ein paar Mal einstichst. Die Kartoffeln sollten in diesem Fall noch nass und halbiert bzw. gewürfelt sein.

195
EXPRESS KARTOFFELN

Wenn's mal wieder schnell gehen muss, du fernab einer Steckdose agierst oder du schlicht und einfach zu faul bist: Spanne einen Rührbesen mit schmalem Griff im Futter deines Akkuschraubers ein und los geht's ...

Um wildes Umherspritzen zu vermeiden, lass den Akkuschrauber langsam und stetig auf Touren kommen.

196 QUIRL MIT AKKU-SCHRAUBER

Der Geburtstagskuchen ist ready to go, doch leider sind die Geburtstagskerzen alle? Sei's drum, ein paar Wachsmalstifte kopfüber in den Kuchen gesteckt und oben angezündet bringen dich aus der Bredouille.

Die Brenndauer beträgt je nach Masse des Stifts ca. 30 Minuten.

197
MALERISCHER KERZENSCHEIN

ONE-MAN-SHOW 279

198
DUFTSTAUB-SAUGER

Wenn dein Staubsauger einen unangenehmen Duft in der Wohnung hinterlässt, solltest du gegensteuern: Etwas Parfum auf den Luftfilter gesprüht wirkt Wunder.

Alternativ kannst du auch getrocknete Lavendelblüten, getrocknete Zitrusschalen, ein Päckchen Vanillezucker, lose Teekräuter oder einen Löffel Kaffeepulver aufsaugen.

Im Film verbirgt sich der Wandtresor nicht selten hinter einem schönen Gemälde. Warum also nicht auch den unschönen Sicherungskasten oder sonstige Makel hinter Bildern verstecken? An Stellen, die häufigeren Zugang erfordern, kann sich das anbringen von zwei kleinen Scharnieren lohnen.

Die Bilder kaufen oder selber malen? Das ist hier die Frage…

KUNSTFERTIG VERSTECKT

ONE-MAN-SHOW

Wenn der Deckel von deinem Müsli-, Nudel- oder Zuckerglas flöten gegangen ist, kannst du es mit einem Luftballon im Nu wieder Luftdicht verschließen:
Ballon aufblasen, mit leichtem Druck auf die Öffnung legen und langsam die Luft ablassen.

Der Ballon umschließt die Öffnung sanft und sorgfältig.

200
BALLONDECKEL

Das Rezept bzw. die Verpackung fordert einen vorgeheizten Backofen? Zeig dich anarchisch und ignoriere das Gebot! Ein vorgeheizter Backofen hilft zwar bei der Bestimmung einer möglichst genauen Gar- bzw. Backzeit, dafür verschwendet man auf Dauer eine Menge Strom und Geld. Fortan also bei Tiefkühlkost, Aufläufen, Brot und Kuchen lieber ein paar Mal öfter nach dem Rechten sehen, anstatt brav vorzuheizen.

Vorheizen ist nur sinnvoll bei Gerichten wie Fleisch oder Fisch, die eine relativ kurze Garzeit bei hohen Temperaturen erfordern.

201
NEIN ZUM VORHEIZEN

202 SCHILLERNDE BOHRHILFE

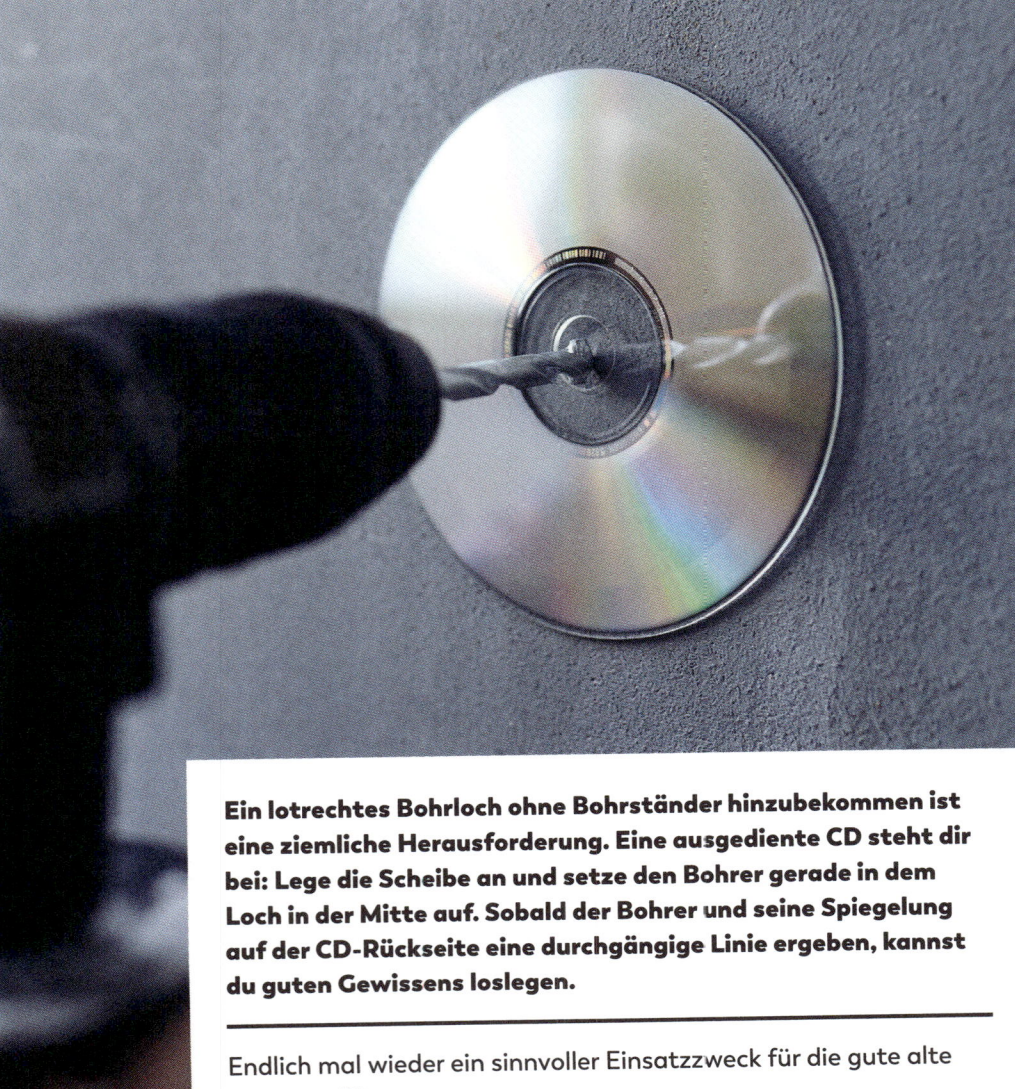

Ein lotrechtes Bohrloch ohne Bohrständer hinzubekommen ist eine ziemliche Herausforderung. Eine ausgediente CD steht dir bei: Lege die Scheibe an und setze den Bohrer gerade in dem Loch in der Mitte auf. Sobald der Bohrer und seine Spiegelung auf der CD-Rückseite eine durchgängige Linie ergeben, kannst du guten Gewissens loslegen.

Endlich mal wieder ein sinnvoller Einsatzzweck für die gute alte Compact Disc...

Der Hausputz ist im vollen Gange und alles läuft nach deiner Fasson. Bis zu dem Moment, in dem dir auffällt, dass die blöde Fugendüse mal wieder fahnenflüchtig ist. Bevor du deine Zeit mit der Suche verplemperst, schnappst du dir eine leere Klopapierrolle, steckst sie aufs Staubsaugerrohr und drückst sie vorne flach zusammen. Geht doch!

Dieser Hack ist das wohl einzige Argument dafür, leere Klopapierrollen noch bis zum nächsten Klobesuch an Ort und Stelle zu belassen :-).

203
KLOROLLENDÜSE

204
CALL IT SCHNITZEL!

Fleisch im Toaster zubereiten? Geht! Gib etwas Öl und Gewürze ans Fleisch und schlage es in ein großzügig geschnittenes Stück Alufolie ein. Nun ab in den Toaster damit – je nach Art und Dicke des Fleisches rund 10 Minuten lang. Anschließend fischst du das heiße Päckchen behutsam heraus und zückst Messer und Gabel.

Achtung: Schlag das Fleisch sorgsam und sicher in der Alufolie ein, damit kein Saft austreten kann und die Alufolie nicht an die Glühdrähte kommt.

Bye bye Bügeln: Hänge deine Wäsche einfach fortan im Badezimmer auf, während du genüsslich unter der Dusche stehst.

Der warme Wasserdampf glättet die Falten und schon hat sich das Thema – zumindest weitgehend – erledigt.

205 DAMPFBÜGELN FÜR WARMDUSCHER

ONE-MAN-SHOW

Sofern sie es nicht ohnehin schon ist, wird die Waschmaschine fortan dein neuer treuer Freund im Haushalt! Die Wäsche nach hell, dunkel und bunt sortieren, rote Sachen beim ersten Mal immer alleine waschen (Abfärbgefahr), Jeans nicht zu oft waschen (Materialermüdung), Reißverschlüsse schließen (offene Reißverschlüsse schaden anderen Klamotten), richtiges Waschprogramm wählen (bspw. Wollsachen stets im Feinwaschgang), Waschmittel richtig dosieren (abhängig vom Verschmutzungsgrad der Wäsche, der örtlichen Wasserhärte und der Wäschemenge in der Trommel), die Maschine nicht überladen (verminderte Waschleistung). Nach dem Waschen die Wäsche relativ bald entnehmen und die Waschmaschinentür und die Waschmittelkammer erst nach einem Tag schließen, damit die Maschine gut auslüften kann.

TIPP: Wenn du jetzt noch nachguckst, welche der unten aufgeführten Symbole auf den Schildern deiner Klamotten stehen, kann eigentlich nichts mehr schief gehen!

206
HEIMISCHER WASCHSALON

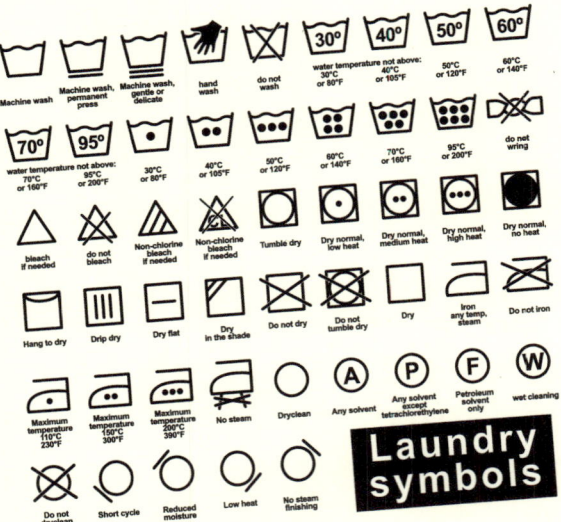

Eine handvoll Kaffeebohnen auf den Boden des Mülleimers gestreut sind ein wahrer Geruchskiller und neutralisieren zuverlässig unangenehme Gerüche.

Auf Seite 280 findest du ein paar super Optionen, um Staubsaugermuff zu vermeiden.

207
KAFFEEDUFT STATT ABFALLMUFF

NOTIZEN

AHA!

Spülmaschine vs. Spülen von Hand: In Sachen Bequemlichkeit und Zeitersparnis ist der Fall klar. Aber auch in Sachen Ökobilanz kann die Spülmaschine punkten, denn sie benötigt deutlich weniger Wasser und Energie. Entscheidend ist dafür allerdings der richtige Umgang mit der Maschine:
- Halbvolle Spüldurchgänge vermeiden.
- Meistens unnötig: Das Vorwaschprogramm bzw. Vorspülen unter laufendem Wasser.
- Bei leichter Verschmutzung genügt ein Kurz- bzw. Sparprogramm mit niedriger Temperatur.
- Vorzugsweise Öko-Spültabs benutzen, um den höheren Chemikalienbedarf auszugleichen.

Zweitwohnsitz BÜRO

208
GUMMIBAND-PISTOLE

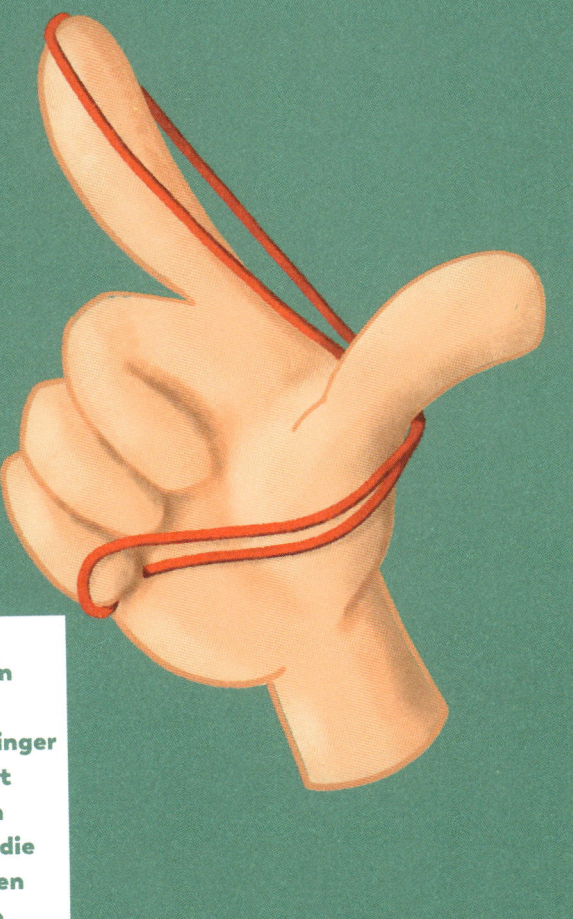

Die mit Abstand coolste Art, ein Gummiband abzufeuern! Das Gummiband mit dem kleinen Finger fixieren, dann das lose Ende mit Hilfe der anderen Hand um den Daumen herumführen und auf die Fingerkuppe des ausgestreckten Zeigefingers setzen. Die Waffe ist jetzt geladen. Um den „Abzug" zu betätigen, einfach den kleinen Finger leicht lockern. Das Gummiband feuert exakt in Richtung des ausgestreckten Zeigefingers.

Das Büro – ein zum Teil unwirtlicher Lebensraum, der uns acht Stunden pro Tag fest in seinen Klauen hält und uns anschließend matt und weichgespült auf die Straße ausspuckt. Kann man so sehen. Oder so: Das Büro – ein kollektives und spaßorientiertes Stelldichein unter dem Deckmantel der „Arbeit". Die Hacks dieses Kapitels werden beiden Sichtweisen gerecht, angefangen bei der Büro-Pistole über das kleine Einmaleins der Klebezettel bis hin zum ultimativen Meeting-Bingo.

Jeder Mann sollte in der Lage sein, eine Krawatte zu knoten. Der Four-in-Hand-Knoten (auch bekannt als einfacher Krawattenknoten) ist ein sehr simpler Klassiker, der im Grunde zu allen Herrenhemden, Kragenformen und Anlässen passt. Los geht's:

209
KLEINE KRAWATTEN-KUNDE: DER FOUR-IN-HAND-KNOTEN

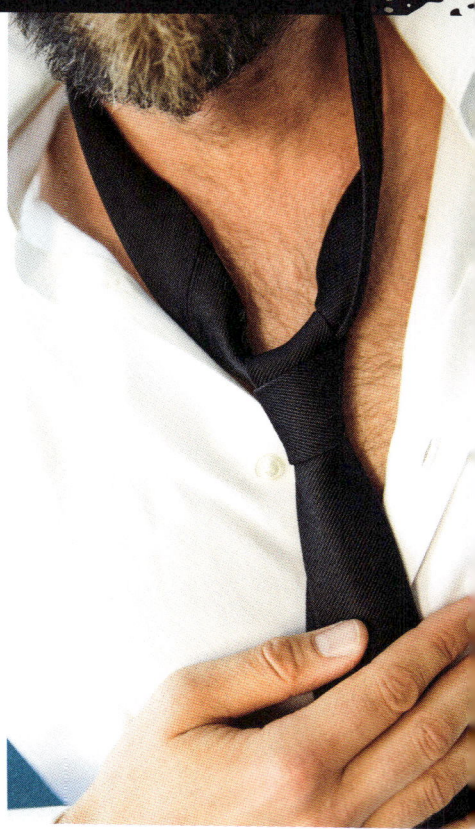

Wir alle neigen dazu, Klebezettelchen von unten nach oben vom Stapel abzuziehen. Leider wölben sie sich dadurch, stehen ab und kleben schlechter. Was tun? Selbsternannte Office-Gurus ziehen ihre Haftnotizen stets quer zur Klebefläche ab. Ausprobieren!

Dieser Hack ist eine Perle der Kategorie „Ein Leben lang falsch benutzt".

210
DIE PHYSIK DER KLEBEZETTEL

ZWEITWOHNSITZ BÜRO

Ein probates Mittel, um sich im Büroalltag fit zu halten, ist das mittlerweile recht bekannte 7-Minute-Workout, bei dem man täglich innerhalb von 7 Minuten 12 Übungen absolviert. Die Bandbreite reicht von Hampelmännern und Wandsitzen bis zu Liegestützen und Kniebeugen. Einfach auf YouTube eines der vielzähligen Tutorial-Videos anklicken und loslegen.

Trommle ein paar Kollegen zusammen, um die Sache noch amüsanter zu machen – bei so viel Eigeninitiative in Sachen Teambuilding wird der Chef wohl kaum sein Veto einlegen.

211

7-MINUTE-WORKOUT

Wenn sich der Brillenbügel mal wieder löst und du – warum auch? – gerade keinen Feingeräte-Schraubendreher zur Hand hast, biege eine Büroklammer auf und klopfe das Ende mit einem Hammer oder dergleichen platt. Fertig ist dein Optiker-Werkzeug!

Weitere Büroklammer-Hacks findest du auf den Seiten 109 und 304.

212 MINI-SCHRAUBEN-DREHER

ZWEITWOHNSITZ BÜRO

213
USB OLÉ OLÉ

Theoretisch hat man beim Einstecken eines USB-Kabels eine Trefferquote von 50 %. Doch die gefühlte Quote liegt wohl eher bei mickrigen 20 %. Wenn du allerdings darauf achtest, dass beim Einstecken das am Griff abgebildete USB-Symbol immer hübsch nach oben zeigt, dürfte sich deine Quote fortan gen 100 schrauben.

Gleiches gilt übrigens auch für Mini USB, Firewire, HDMI und wie sie alle heißen...

Lego- bzw. Playmobil-Figuren eignen sich prima als Ordnungselement für schlanke Kabel am Schreibtisch. Die Männchen einfach mit Sekundenkleber, Knete, Blu-Tak oder sonst einem druckempfindlichen Klebstoff fixieren, Kabel rein und gut.

Von der Größe her geeignet für dünne Kopfhörer- und Ladekabel.

214 KABELDIENER

215
KAFFEEKUNST

Kaffeeflecken gehören ebenso zum Büroalltag wie nervige oder liebenswerte Kollegen. Gehe offensiv mit ihnen um, indem du ein paar Pfeile und Kommentare daneben schreibst oder einem einsamen Tassenabdruck weitere hinzufügst (Stichwort olympische Ringe).

Mit Kaffee lässt sich im Übrigen wunderbar malen und schreiben. Je höher die Konzentration des Kaffees, desto dunkler die Farbe.

> Gruppenküche. Kaffeekanne. Wie lange das vermeintlich köstliche Gebräu wohl schon dasteht? Wird er kalt und abgestanden sein? Eine danebenliegende Parkscheibe, eingestellt von dem jeweiligen Kollegen, der den Kaffee aufgesetzt hat, gibt Antwort!
>
> Kaffee trifft Kunst: siehe linke Seite!

216
KALTER KAFFEE

ZWEITWOHNSITZ BÜRO

Aktenbinder sind in ihrem Einsatzzweck so ungemein berechenbar. Da du televisuell mit MacGyver sozialisiert wurdest, bevorzugst du eine Lösung aus Büroklammer und Gummiband.

MacGyver wäre stolz auf dich!

217
KLAMMERAFFE

218 BÜRO-BINGO

Um beim nächsten schnöden Endlos-Meeting nicht wieder einzunicken, kannst du dich und ein paar ausgewählte Kollegen mit einer heimlichen Runde Büro-Bingo bei Laune halten. Bereite im Vorfeld ein paar Spieltafeln mit einem jeweils 4 x 4 Felder großen Raster vor. In jedes Kästchen schreibst du eine der Hohlphrasen bzw. einen der Dauerbrenner-Begriffe eurer Meetings, (z.B. Performance Tracking, Target Audience, USP, Win Win Situation), wobei die Positionen von Spieltafel zu Spieltafel variieren. Jeder Mitspieler erhält eine Spieltafel und immer dann, wenn während des Meetings einer der aufgelisteten Begriffe fällt, darf er abgestrichen werden. Der Spieler, der als erstes eine Reihe oder Spalte komplett abgestrichen hat, gewinnt.

Steigerungsform: Zum Gewinnen muss der Spieler laut und deutlich „Bingo" rufen.

219 BÜRO-GOLF

Eine gepflegte Partie Büro-Minigolf beugt Langeweile und Müdigkeit vor. Als Schläger eignen sich bspw. Dokumentenrollen oder umgedrehte Regenschirme. Als Ball – sofern weder Golf- noch Tischtennisball zur Hand sind – bspw. Walnüsse oder zusammengeknülltes Papier. Und was den Parcours betrifft: Hier stehen euch im sprichwörtlichen Sinne alle Türen offen! Wer schafft es mit den wenigsten Schlägen einmal quer durchs Büro?

Und wer schafft es mit den wenigsten Schlägen durch die aufgeklappten Büchertore, im Slalom durch die Stuhlbeine und hinein in die quergelegte Kaffeetasse?!

220 SCHREIBTISCH-TENNIS

Ein weiterer Langeweile-Killer und Pausenkracher: improvisiertes Bürotischtennis. Einfach den Besprechungstisch freiräumen (eine Größe von 2 x 1 Meter sollte die Tischplatte schon haben...), einen länglichen Posterkarton als Netz benutzen und ab die Post! Je günstiger bzw. je schlechter die Gummierung der Schläger, desto besser, da die Bälle dann nicht so weit fliegen.

Die ultimative Challenge: Rundlauf mit den Kollegen! Und im Sinne der Chancengleichheit erhält jeder Spieler ein Buch als Schläger ...

ZWEITWOHNSITZ BÜRO

221
RADIERGUMMI-BAND

Der Radiergummi zählt zu den Gegenständen, die man eher selten braucht, aber wenn, dann nie findet. Hier hilft ein Gummiband, das du dir ein paar Mal um die Zeigefingerkuppe wickelst und als Radiergummi zweckentfremdest.

Fertig mit radieren? Dann nutze das Gummiband gleich noch dazu, die Kollegen aufzuscheuchen. Mehr dazu auf Seite 292.

Mittagspause. Essen gehen, Essen holen oder Essen machen? Zwei Möglichkeiten, um Zeit und Geld zu sparen und den Austausch mit den Kollegen zu fördern: 1. Rotationskochen: Abwechselnd kocht einer der Kollegen für sich und die Truppe. 2. Vorkochen: Wenn du am Abend zuvor die Töpfe schwingst, koche einfach etwas mehr, damit du dich am nächsten Tag noch dran erlaben und ggf. auch den einen oder anderen Kollegen beglücken kannst.

Option 3, besonders tricky und Chefchens Favorit: Das Essen ausfallen lassen und durcharbeiten ... Und gegen halb vier unkontrolliert eine Packung Kekse futtern.

222 ZU TISCH

NOTIZEN

AHA!

Wenn MacGyver oder James Bond einen einzigen Bürogegenstand zum Retten des Universums auswählen müssten, sie täten gut daran, sich für die Büroklammer zu entscheiden. Aus ihr lassen sich Dietrich, Schraubendreher, Schlüsselring und Sicherheitsnadel improvisieren. Sie ersetzt einen kaputten Reißverschlussgriff, dient als Knopfersatz oder provisorischer Kleiderhaken. Und wenn's hart auf hart kommt, kann sie immerhin noch mehrere Blätter Papier zusammenhalten!

BUCKET LISTS

Langsam aber sicher kommen wir zum Ende dieses Buches. Höchste Zeit, eine To-Do-Liste fürs Leben zu schreiben mit all den Dingen, die du schon immer mal machen wolltest bzw. noch tun und erreichen willst. Neben realistischen Zielen gehören auch vermeintliche Träumereien und Spinnereien mit hinein – man weiß schließlich nie, was man wann und wo noch alles erlebt!

Schritt 1: kreatives Brainstorming, Inspirationen sammeln, Wünsche formulieren.

Schritt 2: Den Output nach kurz-, mittel- und langfristigen Zielen und ggf. auch nach Kostenintensität sortieren.

Schritt 3: Erlebt! Und Abhaken nicht vergessen :-).

SPORT & REISEN

- [ ] einen Bootsführerschein bzw. Segelschein machen …
- [ ] und in den Sommermonaten die Ostküste Grönlands entlangsegeln
- [ ] einen Tauchschein machen …
- [ ] und an der Westküste Australiens am Ningaloo Reef tauchen
- [ ] Klippenspringen in Kroatien
- [ ] Flyboarding auf Mallorca
- [ ] ein unbekanntes Land über mehrere Wochen durchwandern
- [ ] eine unerschlossene Höhle „erforschen"
- [ ] einen Tough Mudder Lauf mitmachen
- [ ]
- [ ]

SELBSTERFAHRUNG & PERSÖNLICHES

- [ ] einen Fastenurlaub machen
- [ ] eine Woche im Kloster verbringen
- [ ] eine Woche allein in der Wildnis überleben
- [ ] einen Monat ohne Smartphone auskommen
- [ ] ein Buch schreiben
- [ ] ein Instrument lernen
- [ ] mit Fahri Yardim ein Bier trinken gehen
- [ ] _____

BERUFLICHES

- [ ] den nervigen Job kündigen
- [ ] ein Startup gründen
- [ ] einen TEDx-Talk halten
- [ ] eine Erfindung machen und als Patent anmelden
- [ ] ein Abendstudium neben dem Beruf machen
- [ ] einen Monat lang in einer Opalmine in Coober Pedy arbeiten
- [ ] _____

ÖKOLOGIE & SOZIALES

- [ ] einen Monat lang auf Plastik verzichten
- [ ] ein Hilfsprojekt unterstützen
- [ ] einen Baum pflanzen
- [ ] die Geburt eines Tieres beobachten
- [ ] einen Monat lang vegan essen
- [ ] Lesepate werden oder ein sonstiges Ehrenamt bekleiden

REGISTER

Hier findest du die nützlichsten Alltagshelfer und -gegenstände aus dem Buch alphabetisch sortiert. Folge den Hacknummern, um zu erfahren, für welche Tricks du sie einsetzen kannst oder wie sich ein Problem damit ganz einfach lösen lässt.

Absturz 131, 132
Adventskranz 181
Aktenbinder 304
Akku 149
Akku-Schrauber 272, 278
Aluminiumfolie 49, 61, 111, 286
Anspitzer 26
Angriff 129, 130
Armbanduhr 10, 136
Ärmel 140
Ast 20, 25, 62
Aufzug 131
Auto 92, 98, 99, 116, 120, 121
Autoreifen 31, 256
Axt 182

Baby 235, 264
Backofen 283
Balltrick 72
Bart 134
Batterie 148, 150, 155
Baum 17, 18, 25
Baumarkt 179, 181, 185, 214, 215, 267
Blasen 266
Bier 44, 47, 84, 164
Bierteig 44
Bithalter 184

Bleistift 110
Bohrloch 113, 175, 284
Bohrmaschine 175, 284
Bowle 55
Brennnessel 45
Brille 105, 299
Bucket List 312, 313
Bügeln 274, 287
Burger 53, 54
Büroklammer 109, 299, 304, 310
Büro-Spiele 305, 307

Camping 11, 23–25, 28, 33
Campingkocher 28
Chips 40, 83
Chipstüte 83
Cidre 55
Cola 42

Date 203, 205, 208, 212
Deko 177, 179–183, 185, 186, 189, 192–194
Dose 28, 30, 164
Dosenöffner 30
Dübel 112
Dusche 102, 207, 287
Duschvorhang 102

Eichelhütchen 16
Eierkarton 36, 168
Einlegesohle 78
Einparkhilfe 98
Einwurf 74
Eiswürfel 11, 47
Entfernungen 19
Entkalker 107
Ernährung 82, 134, 244
Essbare Pflanzen 12/13, 45
Essig 107

Fahrrad 100
Fahrstuhl 131
Fan-Party 76, 86, 90
Fankleidung 76, 90
Fährte 14
Fashion 134–136, 138, 140, 212, 214, 215
Fernsehabend 83
Fessel 126
Feuer 17, 26, 29, 32, 34, 56, 148
Feueranzünder 26, 34
Fisch 44, 59, 283
Fitness 70, 75, 244, 248, 249, 250, 252, 256, 258, 259, 265
Flasche 11, 84

Flaschenöffner 84
Fleisch 41-43, 57, 283, 286
Flugzeug 132
Frischhaltefolie 75
Frühstück 82, 204, 209, 239
Fußball 66, 70-75, 78, 79, 82, 87, 88
Fußballschuhe 78, 79, 87
Footvolley 88, 89
Footgolf 89
Fotofilter 161
Four-in-Hand-Knoten 138, 139, 236
Futsal 88, 89

Garage 98
Garderobe 179, 182
Garnelen 57
Gasflasche 46
Geburtstag 204, 241, 279
Gemüse 12, 44, 57
Gesichtsmaske 137
Geschenk 144, 202, 204, 206, 209, 210, 214, 215
Getränke 47, 55, 232
Glasreiniger 108
Glatze 135
Grashalm 16
Grill 46, 63, 46
Grillanzünder 36, 37
Grillrezepte 42-45, 48, 50-52, 55, 57-62
Grillrost 49, 59
Grillspieß 57, 60
Gummiband 107, 292, 304, 308

Haarausfall 135
Haarbürste 104
Hai 130
Hallenfußball 79, 88, 89

Hammer 41, 196
Händewaschen 170, 171, 276
Handschuh 45, 81, 276
Handtuch 79, 192, 254
Handy 33, 149, 158, 160-162, 232, 249
Hantel 252, 256, 258
Headies 88, 89
Heißklebepistole 110, 196, 202, 206
Hemd 138, 140, 274
Höhen 18
Hoodie 166
Hund 129

Jeans 133, 288
Joggen 255, 259, 266

Kabel 163, 165, 301
Kaffee 170, 280, 289, 302, 303
Kalk 107
Kartenspiel 225, 234, 262
Kartoffel 50, 277
Kartoffelspiralen 50
Kerze 97, 174, 181, 279
Kerzenständer 181
Ketchup 48, 53
Klebeband 96, 158, 163, 165, 178, 240
Klebezettel 297
Kleiderbügel 202
Knoten 124
Kochtopf 274
Kompass 10
Kopfhörer 159
Korken 144
Korkenzieher 112
Kräuter 52
Krawatte 138, 296
Kühlbox 11

Lack 92, 121
Lackschaden 142, 198
Lampe 33, 177
Lebensmittelfarbe 86, 210, 228, 239
Lenkrad 99
Linde 17
Listen 152, 312, 313

Männerabend 47, 232
Marinade 43
Marshmallow 62, 218
Massage 267
Maulschlüssel 106
Mikrowelle 142, 218, 277
Milch 239
Mücken 32
Muffinblech 48
Muskelaufbau 248, 250-253, 256-258, 264
Mýrarboltinn 88, 89

Nagellack 92/93, 199
Netflix 152
Notfall 20, 21
Nudeln 34/35, 82, 270, 275

Obst 44, 60, 86
Öl 28, 34/35, 170/171
Orange 59
Ohrstöpsel 159

Panade 44
Panzertape 24, 96, 114/115, 266
Papier 84, 121, 122/123, 223, 234
Papierflieger 122/123
Parfum 205
Parkscheibe 303
Pesto 45
Pflanzen 12/13, 17, 52, 108

Pflaster 21
Pfeifen 16
Platter Reifen 100/101
Pizza 85, 270/271
Politur 120, 160
Pommes 58
Popcorn 61, 142/143, 222
Pullover 166/167
Putzen 63, 107/108, 120, 121, 160, 280

Radiergummi 110, 255, 308
Rasieren 133, 134
Rasierschaum 207, 276
Reifen 31, 256/257
Reißverschluss 97, 109, 310/311
Ring 136

Salbe 75
Salbei 32, 52
Schädlingsbekämpfung 108
Schleifpapier 76, 111
Schaumstoff 258
Schere 111
Schloss 106
Schlüssel 194, 259, 310/311
Schmerzsalbe 75
Schmuck 136, 214, 215
Schnitzel 286
Schnürsenkel 87, 96, 259, 260/261, 263
Schraube 112, 178, 184, 196/197, 214, 215
Schraubendreher 178, 299
Schuhe 78, 79, 87, 255, 260/261, 266
Schüssel 47, 226, 228, 277
Schwarzlicht 158
Schwarztee 108
Schwedenfeuer 56

Seife 170/171, 179, 276
Seil 17, 124/125, 179
Sekt 55
Selfie-Stick 104
Sicherungskasten 281
Socken 76/77, 206, 266
Sonnenbrille 212/213
Smartphone 22, 33, 149, 150, 158-162, 232, 249
Snacks 48, 222
Spachtelmasse 113
Spaghetti 275
Spaltklotz 31
Spiegel 207
Spinnennetz 6/7
Sportkleidung 70, 71, 76/77, 249
Sportler-Essen 82, 244/245
Spotify 156/157
Spurenlesen 14/15
Sonnenuntergang 22
Staubsauger 235, 280, 285
Stock 18, 129
Stockpeilung 18
Streichholz 27
Strümpfe 70, 249
Styropor® 267
Süßkartoffel 58

Tablet 151
Tankdeckel 116/117
Taschenlampe 33, 158
Taschenmesser 27
Tee 108
Teller 85, 229, 238, 239
Tennisball 98, 175, 242/243
Teqball 88/89
Tiefkühlfach 71
Tierfährten 14/15
Tipprunde 80

Tischfußball 81
Toaster 286
Toilettenpapierrolle 114/115
Touchpen 150
Trage 20
Training 82, 144/145, 252/253, 256/257, 258
Trikot 70, 71
Tür 128

Uhr 10, 22, 136, 189
Uhrzeit 22
USB-Stick 144, 300

Valentinstag 209
Vogelkot 121
Vorhängeschloss 106

Waage 176
Wachs 27, 28, 97, 174
Wachsmalstift 279
Wasserhahn 107
Wetten 80
Whiskey 43
W-Lan 164
Workout 248, 250/251, 256/257, 264/265, 298
Wunde 6/7, 21, 75
Würstchen 50/51

Zahnpasta 113, 120
Zahnseide 105
Zeitungspapier 34/35, 121
Zelten 23-25
Zeltstange 24
Zimtstange 60
Zip-Beutel 161, 162, 277
Zitrone 59, 226
Zucchini 50/51
Zwiebel 63

DÜRFEN WIR VORSTELLEN?
WIR SIND TOPP!

Uns, unsere Autoren, Bücher, Sets und viele, viele Bastelideen gibt's nicht nur auf Events und in Buchhandlungen, sondern natürlich auch online:

 www.TOPP-KREATIV.de

 www.TOPP-KREATIV.de/Newsletter

 www.Facebook.com/Frechverlag

 www.TOPP-kreativ.de/DigiBib

 www.YouTube.com/Frechverlag

 www.Instagram.com/Frechverlag

 www.Pinterest.com/Frechverlag

DER VERLAG

BUCHEMPFEHLUNGEN FÜR DICH

Noch mehr kreative Bücher zum gleichen Thema gesucht?

ISBN 978-3-7724-7009-7

ISBN 978-3-7724-7155-1

ISBN 978-3-7724-7468-2

ISBN 978-3-7724-7826-0

ISBN 978-3-7724-7793-5

ISBN 978-3-7724-7726-3

ISBN 978-3-7724-7623-5

ISBN 978-3-7724-7716-4

ISBN 978-3-7724-7784-3

ISBN 978-3-7724-7745-4

ISBN 978-3-7724-7693-8